〖장민, 안재관 프롬프트 엔지니어링 특별 강연〗

예약판매 기간 구매 독자님들을
저자 특강에 초대합니다.

book_altus@naver.com

위 메일로 수강 신청을 해 주시면
강연에 대한 자세한 안내를
회신메일로 드립니다.

수강 신청 기간: ~2023년 5월 19일까지
수강 신청 예시: ㅇㅇㅇ(성함) 수강신청합니다.

프롬프트
엔지니어

프롬프트
엔지니어

초판 1쇄 발행 2023년 5월 8일

지은이 장민&안재관

펴낸이 손은주 **편집** 이선화 김지수 **마케팅** 권순민
경영자문 권미숙 **디자인** Erin **교정교열** 신희정

주소 서울시 마포구 회우정로 82 1F
문의전화 02-394-1027(편집) **주문전화** 070-8835-1021(마케팅)
팩스 02-394-1023
이메일 bookaltus@hanmail.net

발행처 (주) 도서출판 알투스
출판신고 2011년 10월 19일 제25100-2011-300호.

누구든 시작하라
프롬프트
엔지니어

장민&안재관 지음

알투스

프롤로그

확실히 뜰 직업,
자기 분야에서 살아남게 할 능력,
그것이 바로 '프롬프트 엔지니어'이다.

운전을 하는데 갑자기 옆 차가 폭주하며 내 차를 앞지른다. 그런데 그 다음 차도 엄청난 속도로 또 내 차를 앞지른다. 나는 평소대로 운전하는데 점점 뒤처지고 만다. 자동차 레이스 장이 되어 버린다. 갑자기 불안해진다. 요즘 AI를 보면 그런 생각이 든다. 오롯이 이 분야를 연구해 온 필자들마저도 불안해지는데 비전공자분들은 오죽할까 싶다. 천천히 가면 된다고 생각할 수 있지만, 문제는 느리게 가면 목적지까지 가지도 못하고 도로가 차단되어 버리는 상황이라는 것이다. 나와 상관없는 일이라고 여긴다면 마음은 편하다. 그렇지만 문제는 어떤 산업 분야도 관련이 없을 수가 없다는 것이다. 업무에 컴퓨터를 쓰는 직종은 당연하고, 교사든 공무원이든 심지어 자영업 종사자들도 절대 남의 일이 아니다. AI의 양면성은 인류 전체를 쥐락펴락하는 '무서운' 대상이지만, 그 흐름을 잘 타고 간다면 매우 편리하고 자신만의 든든한 '필살기'가 된다는 것이다.

　많은 질문을 끝도 없이 받고 있는 요즘이다. 공통된 것은 "그래서, 무엇을 어떻게 하면?"이다. 필자는 그 대답을 이 책으로 하고 싶다. 그동안 어떤 일을 해 오신 분이거나, 앞으로 무슨 일을 하고 싶은 분이시든지, '프롬프트 엔지니어'가 되시라는 것이다. 어떤 산업계에 종사하시든, 어떤 직종에서 일하시든 길게 멋지게 자신의 일을 하시려면 '프롬프트 엔지니어'라는 당당한 자격을 갖추시면 된다. "그것이 가능하겠느냐?"는 것이 공통된 다음 질문이다. 가능하다. 왜냐면 인간은 창의성을 갖추고 있기 때문이다. AI에 끌려가지 않고 AI를 자동차처럼 타고 운전하려면 그 창의성이 키Key가 되기 때문이다.

창의성은 전문지식, 창의적 사고능력, 동기라는 세 가지 구성요소로 이루어져 있다. 그런데 다행히? AI는 이 세 가지 요소 중에 '동기'가 아직 없다. 그러면 챗GPT를 포함한 생성형 AI들이 가지고 있는 창의성은 어떻게 보아야 하는 것일까? 인간과 비교해서 전문지식은 인간이 가진 능력을 훨씬 뛰어넘으며, 기계학습 알고리즘을 통한 추론능력을 포함해 논리적·창의적 사고능력도 충분히 갖추었다고 할 수 있다. 창의성의 세 가지 요소 중에 전문적인 지식과 사고능력만으로 창의성이 발휘되고 있는 것이다. 컴퓨터가 동기를 아직 갖지는 못한다. 이러한 동기는 인간만이 가지고 있고, 이 동기를 통해서 컴퓨터의 지적 능력과 사고능력을 활용해서 인간이 못 하는 영역의 창의성을 발휘하도록 하는 노력이 생기고 있다. 그리고 이런 노력하는 일을 '프롬프트 엔지니어링'이라고 하며 이런 일을 하는 사람을 '프롬프트 엔지니어' 또는 'AI 조련사'라고 말하는 것이다.

프롬프트prompt란 누군가 특정한 작업을 수행하는 것을 도우려 전달하는 메시지를 뜻한다. '누군가'에 해당하는 것이 바로 인공지능, 즉 '생성형 AI모델이다. 인공지능에게 특정한 작업을 수행하는 명령어가 되는 것이다. 이 명령어에 따라서 인공지능이 좋은 출력을 낼 수도 있고 그렇지 않을 수도 있다. 좋은 출력을 내도록 인공지능을 조련해야 하는 일이 바로 AI조련사의 일인 것이다.

챗GPT가 혁명적인 이유 중에 하나는 그동안 인간만이 가지고 있는 창의력에 도전하고 있기 때문이다. 특히 컴퓨터는 계산능력은 월등히 뛰어나긴 하나, 인간과 같은 창의력을 가질 수 없으리라 생각했다. 그러나 컴퓨터가 인간과 같은 언어를 인식하고, 이해하는 능력을 가지고, 언어로 된 인간의 지식을 습득하고 표현하게 되면서부터 판이 달라졌다. 글을 짓고, 곡을 만들고, 그림을 그리는 일을 아주 쉽고 빠르게 하는 능력은 창의력뿐 아니라 엄청나게 효과적이고 빠르기까지 하다. 이러한 일은 인간이 시키고 있으며, 인간이 인공지능보다 일에 대해 명확하고 확실한 동기를 가지고 있으며, 목표에 대한 구체성을 가지고 있다.

이미지 생성AI도 챗GPT와 마찬가지이다. 기존 데이터를 기반으로 새로운 이미지를 생성하는 과정에서 상상력을 확장하며 새로운 아이디어를 창출해 낸다. 그뿐만 아니라 기존 디자이너·아티스트가 갈고 닦은 '손기술'로만 표현할 수밖에 없던 결과물들을 이제는 몇 초 만에 만들 수 있기 때문에 효율성과 생산성을 향상한다. 애니메이션 영역을 생각하면 이해하기가 쉬울 듯하다. 이로써 개별 사용자의 취향과 요구에 가장 잘 들어맞는 '맞춤형 콘텐츠'가 생성 가능해지고, 광고·웹사이트·앱 등 다양한 산업에서 개인화된 사용자 경험을 제공할 수 있게 한다. 마지막으로 데이터 부족 문제를 해결해 준다.

실제로 많은 회사들이 챗GPT 및 다른 인공지능 도구들을 업무용으로 사용하고 있기 때문에 프롬프트 엔지니어링 능력은 필수적이다. 사람 간의 대화도 매끄럽지 않을 때가 많은데 사람과 기계 사이에서의 소통은 더 어렵지 않을까? '개떡같이 말해도 찰떡같이 알아듣는다'라는 속담처럼, 프롬프트 엔지니어의 역할은 이런 간극을 메우는 것이라 본다. 앞으로 많은 직업이 사라진다는 뉴스가 쏟아지고 있다. 그러나 확실히 뜰 직업, 자기 분야에서 살아남게 할 능력, 그것이 바로 '프롬프트 엔지니어'이다.

장민, 안재관 드림

프롤로그 06

확실히 뜰 직업,
자기 분야에서 살아남게 할 능력,
그것이 바로 '프롬프트 엔지니어'이다.

1장

프롬프트 엔지니어가 세계적으로 각광받는 이유

세계적으로 프롬프트 엔지니어 능력을 갖추려고 하는 사람, 프롬프트 엔지니어를 찾는 기업들의 노력이 크게 화두가 되고 있다. 거대 언어모델의 생성형AI로 인해 새로운 시대가 시작된 것이다. 데이터에서 필요한 정보를 찾아가는 과정이나 콘텐츠 구성능력이 중요해짐에 따라 인공지능 분야의 한 개념으로써 자연언어로 인공지능의 역량을 최대로 끌어내는 '프롬프트 엔지니어링'이 절대적인 능력이 된 것이다. 이러한 시대 변화를 빠르고 정확히 이해하는 노력은 어떤 산업 영역에서든 필수적이다

디지털 전환 시대 AI의 역할

　산업 전반에 걸쳐 디지털 트랜스포메이션Digital Transformation, DX이 빠르게 일어나고 있다. 4차 산업혁명으로 기존의 생산 요소인 노동과 자본 이외에 데이터가 새로운 핵심요소로 나온 지 이미 오래되었다. 데이터의 활용이 다른 산업의 발전을 가속하고 새로운 제품과 서비스를 창출하는 경제를 형성하였다. 데이터 생산량은 급격히 증가하고 있으며, 데이터를 분석·처리·관리·저장하는 능력이 더욱 중요해지고 있다. 이러한 능력을 '데이터 문해력Data Literacy'이라고 하며, 이러한 일을 하는 사람을 '데이터 과학자' 또는 '데이터 사이언티스트'라고 한다. 데이터의 생산량

은 기하급수적으로 늘고 있으며, 이러한 데이터를 효율적으로 활용하고 데이터에서 가치를 뽑아내는 일들을 '데이터 산업'이라고 한다. 하지만 아직 데이터 자체가 가치를 가지지 못하기 때문에 데이터는 산업의 자원요소로서의 역할에 중점을 두고 있다. 데이터가 '산업의 원유'라고 불리는 이유이다.

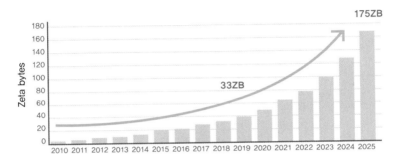

연도별 전세계 데이터 생산량(자료: IDC, IBK투자증권)
IDC는 전세계 데이터 생산량이 2018년 33ZB에서 2025년 175ZB까지 증가할 것으로 전망

　　AI가 산업에 미치는 영향은 엄청나게 커지고 있다. AI 기술은 데이터에서 가치Value를 뽑아내는 최적의 수단으로 사용되고 있다. 특히 빅데이터라고 하는 최근의 데이터 규모는 보통의 처리 방법으로는 다루기가 매우 어렵다. 근래에 개발된 많은 AI기술은 딥러닝Deep Learning이라는 신경회로망을 기반으로 한 학습 알고리즘에 그 뿌리를 두고 있다. 대용량 데이터를 다루는 AI기술이 지속적으로 발전하고 있고, 또 처리할 수 있는 하드웨어를 비롯해 다양한 인프라들이 준비되면서 바야흐로 데이터에서 빠르고 효율적으로 가치를 추출하는 기술이 상용으로 쓰이고 있다.

AI는 기술인가? 산업인가?

AI의 역할은 기술적으로 Data를 분석해 정보를 뽑아내거나, 정보들에서 다시 인사이트나 지식을 뽑아내는 것이다. 아래 그림처럼 AI는 데이터가 생산된 산업과 분야에서 데이터를 가공하는 기술로서의 역할을 점점 많이 하고 있다. 이를 통해서 해당 산업의 생산성과 효율을 향상시키며 비용 감소 및 매출증대에 큰 기여를 하고 있는 것이다. 산업의 필수 불가결한 기술요소가 AI이며 AI 기술을 모르고서는 산업의 경쟁력을 갖출 수 없을 것이다.

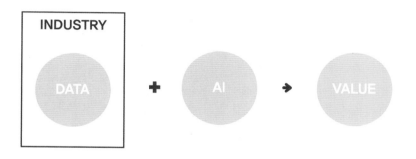

산업에서 생산된 데이터와 AI를 융합한 가치 창출
AI는 빅데이터에서 가치를 뽑아내는 가장 좋은 기술

그러나 챗GPT나 미드저니와 같은 생성형AI가 나오기 시작하면서 AI가 산업의 기술적인 요소가 아닌, AI자체가 산업이 될 수 있다는 가능성이 대두되며 그러한 사례가 많이 나오고 있다. 통상 산업이라고 하면, 자동차·반도체·석유화학·철강·에너지 등 생산자와 소비자가 명확하고 원료와 제품의 구분이 있으며, 생태계가 형성되어 있는 형태를 일컫는다.

1장. 프롬프트 엔지니어가 세계적으로 각광받는 이유

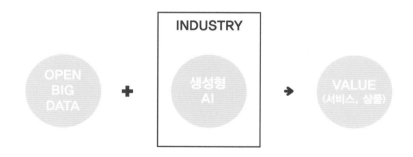

AI산업화로의 변화 요인

1. 초거대AI와 생성형AI 기술알고리즘 및 인프라
2. 오픈 데이터의 엄청난 증가 그리고 공정이용에 따른 공개 데이터 활용
3. 시장의 요구생산성과 효율성 그리고 창의성

그러므로, 인공지능이 기술이 아닌 본격적인 산업으로의 변화는 매우 큰 의미를 가지고 있다. 미국 오픈AI가 챗GPT를 2022년 말 출시한 이래로 구글, 메타, MS에 이어 네이버, LG, SKT, 카카오 등 국내 기업에서도 초거대AI 및 생성형AI를 선보였으며, 멀티모달 즉 텍스트뿐만 아니라 이미지 비디오 등 다양한 데이터와 함께 학습하고 서비스하는 AI 모델이 점점 고도화되어 가고 있다. 이런 생성형 초거대AI 기반으로 다양한 산업 영역에서 AI 제품이나 서비스 개발 및 활용이 확대되는 상황으로, 곧 다가올 미래에는 산업으로서 AI 제품 및 서비스가 더욱 활발히 시장을 형성하게 될 것이다.

생성형AI 산업의 트렌드 및 방향

몇 년 전부터 생성AI에 대한 기술 및 서비스의 출시가 있었지만, 본격적인 생성형AI 시장은 2022년에 시작되었다. 특히 2022년 11월 오픈AI^{Open AI}가 론칭한 생성형AI 챗GPT가 서비스를 시작한 지 5일 만에 백만 명의 회원을 모집하며 전 세계적인 주목을 받기 시작했다. 이는 인스타그램이 2.5개월, 넷플릭스가 3.5년이 걸려 이루어 낸 성과이다. 챗GPT의 론칭 후 2개월 만에 월 활성사용자수^{Monthly Active User, MAU}는 1억 명을 돌파했다고 한다. 특히 대규모 언어모델^{Large Language Model}을 기본으로 한 생성형AI들은 인간의 언어라는 인터페이스를 제공하는 다양하고 섬세한 지식 제공 서비스로 인해서, 기존의 검색시장을 파괴하며 혁신하고 있다. 특히 출시된 지 불과 몇 개월밖에 되지 않았지만, 전 산업 분야에서 챗GPT의 활용과 적용이 매우 활발하게 일어나고 있다.

생성형AI는 사람과 자연스러운 대화를 생성하는 '챗GPT'부터 텍스트를 이해해 이미지를 만드는 '텍스트 투 이미지^{Text to Image}' 모델인 'DALL-E 2', '미드저니', '스테이블 디퓨전' 등의 모델은 이미 상당히 많은 사용자 수를 보유하고 있다. 최근에는 이러한 생성 AI 기술을 활용해 서비스한 제품이 새롭게 소개되며 미래 산업화의 가능성을 보여 주고 있다.

생성형AI가 산업화되고 있는 분야들의 몇 가지 예는 다음 페이지와 같다.

산업	내용
엔터테인먼트 &미디어	게임·영화·동영상·이미지 등을 더욱 사실적이고 몰입감 있는 콘텐츠 제작. 예를 들면, 텍스트나 음성, 비디오 등의 데이터만으로 손쉽게 3D 콘텐츠를 제작할 수 있는 서비스 등 출시됨
전자상거래	고객 데이터의 분석을 통한 추천 생성 및 마케팅·판매·홍보 전략 수립. 예를 들면, 아마존 같은 대형 전자상거래 업체들이 다양한 색상과 모양으로 수천 개 제품의 사실적인 이미지를 제작에 활용함
의료 및 신약개발	의료 데이터(정형·비정형)를 분석하며 질병의 식별 및 진단 처방. 의료 및 신약개발에 대한 개발 및 치료법 발견에 활용. 특히, 생명과학 관련 회사에서는 생성형AI 플랫폼을 통해 약물 디자인·생성 기술을 통해 신약 개발을 가속화하는 데 활용
교육 및 상담	개인화된 학습 도구 및 대화형 교육 콘텐츠. 지식 제공 서비스를 구축하여 지식의 격차를 줄이며 빠르고 신속한 상담 등에 활용
제조 및 설계	신제품의 설계 제조 프로세스를 생성하고 공급망과 물류 운영을 최적화. 결국 생산성과 효율성의 증대에 활용. 예를 들어, 제조기업이 제품개발 프로세스에 적용할 때 겪게 되는 가장 큰 문제점 중 하나로 '학습용 3D 데이터의 부족'인데, 3D 합성데이터를 생성하는 AI 기술로 이를 해결한 사례 등
공공 서비스	대국민 공공서비스의 품질을 높이고 만족도를 향상시킴. 민원 등의 상담에 생성AI 서비스의 활용 증대

생성형AI 분야의 선도기업은 오픈AI를 비롯하여 마이크로소프트, 메타, 구글, 엔비디아 그리고 어도비 등이며 직접 데이터를 수집 가공하고, 초거대 AI를 위한 인프라를 구축하고 있거나 인프라를 만드는 기술을 보유하고 있다. 또 직접 콘텐츠를 제작하는 툴들을 만들어서 보급하는 업체들이다. 생성형AI 서비스를 직접 또는 회사내의 제품에 반영해 고객을 늘리고 매출을 확보하고 있다. 글로벌 기업이 생성형AI 산업을 주도하다 보니, 국내기업이나 중소형기업들도 돌파구를 마련하고 있다. 네이버나 카카오는 한국어와 한국에 특화된 콘텐츠를 생성하는 형태로 집중하고 있으며, 독자적이고 특화된 형태로 생성형AI 서비스를 하는 곳

도 많아지고 있다. 특별히, 원래 영위하고 있던 사업 영역도메인 또는 버티컬에서 수집한 데이터를 생성형AI를 활용해 새로운 서비스를 창조하려는 시도들이 많아지고 있다.

프롬프트란 무엇인가?

생성형AI, 그중에서도 특히 거대 언어 모델들을 중심으로 기술 시장은 엄청나게 빠른 속도로 움직이고 있다. 대중의 생성형AI에 대한 높아진 관심을 기반으로 다양한 애플리케이션 사례들이 쏟아져 나오고 있고, 이와 동시에 잘못된 정보를 사실인 것 같이 답변을 제시하는 환각현상과 같은 모델의 치명적인 한계점을 점점 더 우려하고 있지만, AI 모델로부터 더 복잡한 태스크들에 대해 정확한 답변을 이끌어내도록 유도하면서 환각 현상과 같은 오류를 줄이는 데 기여하는, 'Prompt Engineering프롬프트 엔지니어링'이라는 업무의 영역 또는 직업 분야가 새롭게 떠오르고 있다.

오픈AI사의 CEO는 아래와 같은 이야기를 하면서 프롬프트 엔지니어링 역할의 중요성을 강조했다.

'Writing a really great prompt for a chatbot persona is an amazingly high-leverage skill and an early example of programming in a little bit of natural language 챗봇 페르소나를 위해 훌륭한 프롬프트를 작성하는 것은 활용성이 굉장히 높은 기술이며 몇 마디의 자연어로 프로그래밍하는 것의 초기 모습이다.'

프롬프트 엔지니어링은 단순히 AI에게 질문을 잘해 AI를 효과적으로 쓰는 방법이다. AI로부터 최상의 답변을 끌어내기 위해 최적의 단어, 즉 입력값들의 조합을 찾는 작업이라고 할 수 있다. 이와 관련해 프롬프트 엔지니어라는 새로운 직업도 생겨났으며, 해외 기업 중심으로 수요가 급증하고 있다. 구글이 투자하며 오픈AI 대항마로도 기대되었던 앤트로픽Anthropic AI가 올해 초 프롬프트 엔지니어 채용 공고에서 제시한 연봉이 무려 25만에서 33만 달러였다고 하는 것을 보면 인기를 실감할 수 있다. 또한, 프롬프트 엔지니어들이 자신들의 프롬프트를 사고 팔거나 무료로 공유하는 마켓플레이스의 수와 규모가 증가하는 추세이다.

프롬프트를 구성하는 요소로는 크게 아래 네 가지이다.

1. 지시사항: AI모델이 수행하기를 원하는 작업이다. 구체적으로 어떤 작업을 해야 하는지에 대해 명확한 지시를 정의한다.

2. 상황Context: AI모델이 답변을 하게 되는 주변의 사항 또는 외부의 정보 및 추가 내용이다. 이런 지시가 이루어지는 상황에 대해서 AI에게 인지시킴으로써 해당 상황 내에서 지시에 대한 답을 내도록 한정하는 역할을 한다.

3. 입력값: 구하고자 하는 최종 답에 대한 질문이다. 지시와 상황을 기본 내용으로 해 최종으로 구하는 답을 얻게 하는 목표 내용이다.

4. 출력 형식: 결과물의 형식 또는 형태 요소로서, 입력값에 대한 출력 형태이므로 어떤 출력을 내도록 할 것인지는 매우 중요하다. 출력의 형태가 간명할수록 원하는 결과에 가깝게 된다.

GPT-4 프롬프트사례:

너는 이제부터 소설가이고, 너의 임무는 오랫동안 독자를 사로잡고 참여시키는 이야기를 만드는 것이다. 판타지, 로맨스, 역사 소설 등 모든 장르를 자유롭게 선택할 수 있다. 그러나 주요 목표는 매력적인 줄거리, 잘 발달된 캐릭터, 놀라운 절정으로 눈에 띄는 소설을 만드는 것임을 명심하길 바란다.

우선 첫 번째 과제는 '다른 행성에 사는 남자에 관한 공상 과학 소설을 쓰는 일을 맡게 되었어. 그곳에서 그는 미래 기술, 다른 세상의 생물, 환상적인 개념을 가지고 놀 수 있다. 당신의 이야기를 통해서 소설을 읽는 독자들을 모험, 미스터리, 흥분으로 가득 차고 흥미진진한 새로운 세계로 안내해야 한다. 결국 목표는 독자들의 생각을 자극하고 재미있고 독자들에게 깊은 인상을 남기는 SF 소설을 만드는 것이다.'

아래는 위 프롬프트를 GPT-4에 입력하고 나온 출력을 캡쳐한 것이다. 캡쳐의 내용이 너무 길어서 앞의 일부분만 나타냈다

MI 너는 이제부터 소설가이고, 너의 임무는 오래 동안 독자를 사로잡고 참여시키는 이야기를 만드는 것이다. 판타지, 로맨스, 역사 소설 등 모든 장르를 자유롭게 선택할 수 있다. 그러나 주요 목표는 매력적인 줄거리, 잘 발달된 캐릭터, 놀라운 절정으로 눈에 띄는 소설을 만드는 것임을 명심하길 바란다.
우선, 첫 번째 과제는 [다른 행성에 사는 남자에 관한 공상 과학 소설을 쓰는 일을 맡게 되었어. 그곳에서 그는 미래 기술, 다른 세상의 생물, 환상적인 개념을 가지고 놀 수 있다. 당신의 이야기를 통해서 소설을 읽는 독자들을 모험, 미스터리, 흥분으로 가득 차고 흥미진진한 새로운 세계로 안내해야 한다. 결국 목표는 독자들의 생각을 자극하고 재미있고 독자들에게 깊은 인상을 남기는 SF 소설을 만드는 것이다.]

제목: 행성 네모스의 모험

프롤로그:

어둠 속에서, 은하계의 가장자리에서 아득한 이지러짐만으로 알려진 작은 행성 네모스가 있었다. 이 행성의 기이한 생태계는 다양한 생명체들로 이루어져 있었고, 그 중에는 놀라운 능력을 지닌 종족들도 존재했다. 그 행성에 사는 한 남자, 에이든은 어느 날 우주선이 낯선 땅

에 착륙하자, 자신의 운명이 영원히 바뀔 것이라는 것을 느꼈다.

제1장: 불가사의한 우주선

에이든은 평범한 네모스 주민이었다. 그는 이 행성에서 채굴 일을 하며 생계를 이어가고 있었다. 그러던 어느 날, 그가 일하던 광산 가까이에 우주선이 불시착했다. 호기심에 차서 그가 우주선을 조사했더니, 우주선 안에는 낯선 기술과 기계들이 가득했다. 에이든은 조금씩 이 우주선의 비밀을 밝혀내기 시작했다.

제2장: 원시림의 탐험

우주선에서 얻은 정보로, 에이든은 네모스 행성에 숨겨진 엄청난 에너지 원천력을 발견했다. 그는 그 원천력을 찾기 위해 원시림으로 모험을 떠난다. 원시림에는 다양한 이국적인 생물들이 살고 있었으며, 에이든은 그들과 함께 이야기하며 행성 네모스의 신비로운 세계에 빠져들게 된다.

제3장: 미래 기술의 발견

에이든은 행성 네모스의 신비한 땅을 탐험하다가, 오래된 유물들을 발견한다. 그 유물들은 먼 미래에서 온 것처럼 보였으며, 에이든은 그 기술을 사용하여 자신의 세상을 변화시킬 수 있는 놀라운 기회를 얻게 된다.

제4장: 승리와 충격의 순간

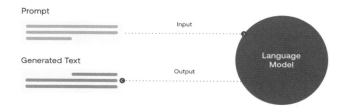

프롬프트와 거대 언어 모델, 그리고 생성 결과물의 관계도 (이미지 출처: cohere)

챗GPT와 같은 대화형 인공지능 서비스는 사람과 대화를 나누듯 자연어를 주고 받으며 상호작용할 수 있도록 설계되었다. 이런 환경에서는 응답을 얻어 내기 위한 프롬프트 역시 자연어의 형식을 가진다. "고객에게 메일로 보낼 새해 인삿말을 써 줘"와 같은 일상적인 지시, "인터넷을 처음 개발한 사람은 누구야?" "누가 이메일을 발명했지?" 등과 같은 간단한 질문도 대화형 인공지능의 세계에서는 실제로 동작하는 프롬프트의 예시라고 볼 수 있다. 이런 프롬프트는 어떻게 보면 질의어라고 하는 형식이기 때문에 누구나 쉽게 자연어로 질문하는 것을 모두 프롬프트라고 할 수 있다.

우리는 구글, 네이버 등 검색 서비스에서 더 정확한 검색 결과를 얻기 위해 다양한 방법들을 활용해 왔다. 각 서비스마다 포함된 고급 검색 기능을 이용하거나, 검색 엔진이 지원하는 각종 연산자를 함께 조합해 쓰기도 했다. 이전에 텍스트 마이닝이라는 분야에서 비구조적인 데이터 안에 데이터끼리의 관계와 패턴을 추출해 그 내용을 분류하고 지식을 생성하는 일과 유사할 수 있다. 대부분의 정보는 구조가 잡히지 않은 텍스트 형태로 존재하고 있는데, 내용을 정확하게 파악하기 위해서는 정확한 정보의 추출과 불필요한 정보의 제거 등을 통해서 요구자의 필요 정보를 정확하게 전달하는 것이 중요하다.

이와 같이 우리가 찾기를 원하는 결과물을 보다 수월하게 얻어 내기 위한 요령은 챗GPT와 같은 생성 인공지능 시대에도 필요하다. 인공지능에게 일을 더 잘 시키기 위한 프롬프트를 찾는 작업, 이것이 프롬프트 엔지니어링Prompt Engineering이라는 개념으로 이어진다. 프롬프트 엔지니어링은 거대 언어 모델로부터 높은 품질의 응답을 얻어 낼 수 있는 프롬프트 입력 값들의 조합을 찾는 작업을 의미한다.

챗GPT와 같은 거대 언어 모델에서는 프롬프트에 포함된 문구들의 미세한 조정이 결과물에 극적인 차이를 가져올 수 있다. 다음의 두 가지 프롬프트 예시를 살펴보자.

"누가 이메일을 발명했지?"

"이메일을 발명한 사람에 대해서 알려줘."

실제로 두 문장은 의미적으로 큰 차이가 없다. 그러나 이 두 문장을
챗GPT^{GPT4}에 입력한 결과는 아래와 같다.

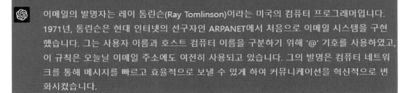

> **누가 이메일을 발명했지?**
>
> 이메일의 발명자는 레이 톰린슨(Ray Tomlinson)이라는 미국의 컴퓨터 프로그래머입니다. 1971년, 톰린슨은 현대 인터넷의 선구자인 ARPANET에서 처음으로 이메일 시스템을 구현했습니다. 그는 사용자 이름과 호스트 컴퓨터 이름을 구분하기 위해 '@' 기호를 사용하였고, 이 규칙은 오늘날 이메일 주소에도 여전히 사용되고 있습니다. 그의 발명은 컴퓨터 네트워크를 통해 메시지를 빠르고 효율적으로 보낼 수 있게 하여 커뮤니케이션을 혁신적으로 변화시켰습니다.

"누가 이메일을 발명했지?"에 대한 GPT4의 응답

> **이메일을 발명한 사람에 대해서 알려줘.**
>
> 이메일을 발명한 레이 톰린슨(Ray Tomlinson)은 미국의 컴퓨터 프로그래머로, 1941년 4월 23일 뉴욕 주 암스테르담에서 출생하여 2016년 3월 5일에 별세하였습니다. 톰린슨은 렌셀러 공과대학(Rensselaer Polytechnic Institute)에서 전기 공학 학사 학위를 취득한 후, 매사추세츠 공과대학(MIT)에서 전기 공학 석사 학위를 취득하였습니다.
>
> 1970년대 초, 톰린슨은 현대 인터넷의 전신인 ARPANET을 개발하는데 중요한 역할을 한 Bolt, Beranek, and Newman (BBN Technologies)라는 회사에서 일하였습니다. 그의 이메일 시스템 구현은 컴퓨터 네트워크를 통해 메시지를 빠르고 효율적으로 보낼 수 있게 하여 커뮤니케이션을 혁신적으로 변화시켰습니다. 이메일의 발명으로 인해 사용자 이름과 호스트 컴퓨터 이름을 구분하기 위해 '@' 기호를 도입하였으며, 이 규칙은 지금도 계속 사용되고 있습니다.
>
> 톰린슨은 컴퓨터 과학과 통신 기술 분야에서 놀라운 업적을 이루었고, 그의 공로를 인정받아 여러 상과 명예를 받았습니다. 그에게 수여된 상에는 2001년 웹비(Webby) 올해의 평생 공로상과 2009년 프린스 오브 아스투리아스 과학기술 연구상이 포함되어 있습니다.

"이메일을 발명한 사람에 대해서 알려줘"에 대한 GPT4의 응답

두 질문의 차이는 크지 않지만, 결과물은 매우 다르다. 약간의 표현 차이만으로도 짧고 간결한 답이 풍부한 맥락으로 구성된 에세이 수준의 결과물로 바뀌었다. 이처럼 내게 필요한 더 높은 품질의 응답을 얻으려면 해당 언어 모델이 잘 이해할 수 있는, 정제된 언어로 구조화된 프롬프트를 구성하는 것이 중요하다. 생성 인공지능이 기반을 둔 언어 모델의 특성에 따라 적합도 높은 결과물을 얻어 내는 프롬프트의 유형도 달라진다. 언어 모델에 대한 기술적 원리에 대해 상세히 파악하기 어려운 일반 사용자 입장에서, 프롬프트 엔지니어링이란 결국 수많은 실험의 연속일 수밖에 없다. 특히, 한국어로 만들어진 생성 언어 모델이 많이 없다 보니 언어 차이에 따라 프롬프트 엔지니어링에 어려움이 생길수도 있다. 본 책의 3장에서 생성형 언어 모델에서의 프롬프트 엔지니어링에 대한 구체적 방법을 자세히 설명할 것이다.

생성AI산업과 프롬프트 엔지니어링

생성형AI가 세상을 변화시키고 있다. 이들 서비스는 몇 가지 간단한 명령어로 프리젠테이션을 만들고 비디오를 편집하고 글을 쓴다. 우선, 몇 가지 생성형AI의 서비스 사례를 알아보자.

챗GPT는 대표적인 '생성형AI Generative AI' 모델이다. 생성형AI는 말 그대로 빅데이터를 학습하고 이를 기반으로 특정 콘텐츠를 생성하는 인공지능 기술을 말한다. 챗GPT는 이러한 생성형AI 시장에 거대 언어모델 Large Language Model, LLM을 포함함으로써 생성형AI의 본격적인 대중화와 사업화를 이끌었다고 할 수 있다. 언어가 결국 가장 쉬운 AI 사용을 위한 인터페이스라는 것을 알게 되면서 일반인들도 언어를 통해 쉽게 생성형 AI를 경험할 수 있게 되었고, 기업의 입장에서 보면 실제적인 기업의 효율성과 생산성 향상에 도움을 주고 있다. 또한, 구글의 LaMDA, 메타의 LLaMA 등 빅테크 기업들 간의 생성형AI 경쟁을 촉진했고, 다양한 형태의 생성형AI 서비스의 등장이 AI를 산업으로 만드는 중이다.

타입	서비스명	제공사	세부내용	사이트
텍스트	챗GPT	OpenAI	질문에 따라서 다양한 종류의 텍스트를 쓰고 프로그램 코드를 작성할 수 있으며, 소프트웨어 코드의 디버깅 가능	https://chat.openai.com/chat
텍스트	Compose AI	Compose AI Inc.	이메일이나 문서의 생산성을 향상해주며, 크롬 확장 형태로 제공	https://www.compose.ai/
비디오	bHuman	BHUMAN TECH. Inc.	이미 만들어진 동영상에 개별적인 음성이나 기타 요소를 통합 생성한 서비스 제공	https://www.bhuman.ai/
이미지	DALL-E 2	openAI	사용자의 프롬프트에 따라 이미지를 생성	https://openai.com/product/dall-e-2
이미지	Midjourney	Midjourney Inc.	사용자의 프롬프트에 따라 이미지를 생성. 디스코드 플랫폼을 사용함	https://discord.gg/midjourney
비디오	D-ID	De-Identification Ltd.	쉽고 빠르게 동영상 제작이 가능함 실사 이미지나 일러스트로 선택된 인물에, 목소리를 선택하고 낭독할 텍스트 입력	D-ID.com
웹사이트	Durable	Durable, Inc.	위치와 주제 등만 설정하면 자동으로 웹사이트 생성	https://durable.co/

챗GPT 외에도 몇 가지 예를 들면 다음과 같다. 이미 만들어진 영상에 고객 맞춤형 개인화 정보를 합성해 대량 발송하거나bHuman, 몇 번의

클릭으로 사진을 합성하거나 이미지 품질을 개선하고ClipDrop, 받은 이메일 답장을 자동으로 생성해 준다Compose AI. 그리고 자신의 아바타를 이용해 실시간 비디오를 제작하거나D-ID.com 자동 웹사이트를 구축해 주며 Durable 설명만 하면 그대로 그림을 자동으로 그려 주기도 한다DALL-E 2.

  마이크로소프트는 최근 GPT-4 기반의 생성형AI를 MS 오피스 플랫폼에 적용한 'MS 365 코파일럿copilot'을 공개했다. 워드나 파워포인트, 엑셀 작업을 이제는 말로 할 수 있게 된 것이다. "생성형AI 기술의 장점과 단점을 주제로 파워포인트 자료를 만들어 줘"라고 하면 단 몇 초 만에 관련 슬라이드를 만들어 준다. 검토 후 수정 사항 역시 자연어로 쉽게 입력하면 되는데 완성본은 아니라도 초안 작성엔 충분하다고 볼 수 있고, 상당한 생산성 향상을 기대할 수 있다. 특히 기업용 소통도구인 MS 팀즈Teams를 이용하면, 기업 내 화상회의에서 회의록을 자동으로 작성해 주고 주요 내용을 요약해 주기도 한다. MS 오피스를 주로 사용하는 기업에겐 분명 게임체인저라고 볼 수 있다.

  챗GPT를 기점으로 거대 언어모델의 생성형AI로 인해 우리는 새로운 시대를 맞이하고 있다. 구체적인 내용을 기억하기보다 중요한 질문이 무엇인지 아는 것이 중요하고, 프로그램 작성 능력보다 어떠한 프로그램이 필요한지 이해하는 것이 더욱 중요하며, 엑셀이나 파워포인트 작성 능력보다 데이터에서 필요한 정보를 찾아가는 과정이나 명확한 내용 전달을 위한 콘텐츠 구성 능력이 더욱 중요한 시대가 된 것이다.

‘프롬프트 엔지니어링’이란 생성형AI가 출현한 이후에 나온 인공지능 분야의 한 개념으로써 자연언어^{또는 특별한 명령어}로 인공지능의 역량을 최대로 끌어내기 위한 입력input 또는 지시어^{명령어}를 만드는 기법이다. ‘프롬프트 엔지니어’란 프롬프트 엔지니어링을 하도록 훈련된 사람을 의미한다. 대형언어모델 또는 초거대AI의 출현으로 인간은 인공지능을 원하는 결과와 출력output을 만들어 내도록 잘 조련한다는 의미에서 ‘AI조련사’라는 말로도 쓰인다. 한편으로는 프롬프트를 디자인한다는 의미에서 이런 직업을 ‘프롬프트 디자이너’라고 부르기도 한다.

생성형AI 산업에서 프롬프트 엔지니어링의 기능과 필요성

‘엔지니어링’이란 의미를 좀 더 파악해 보면 왜 프롬프트 엔지니어링이라고 명명되었는지 알 수 있다. 통상 엔지니어링이란 계획Planning, 수행Execution 그리고 운영Operation이라는 3단계로 나눈다. 계획 단계에서는 기본적으로 인공지능에서 원하는 바를 정의하는 것이다. 예를 들면, 어떤 지식·보고서·이미지·동영상 등을 자세히 기획하고, 생산하기를 원하는 제품과 서비스를 설계하는 단계이다. 수행은 기본적인 프롬프트의 설계, 상세설계 등으로 원하는 출력을 얻을 때까지 지속해서 출력을 튜닝하는 것이다. 운영단계는 출력의 수정·보완 등을 목적으로 프롬프트를 관리하는 것을 말한다.

프롬프트 엔지니어링 수행 시 고려 사항

1. 프롬프트 언어의 선택

챗GPT 등을 포함한 많은 생성형AI는 기본적으로 언어의 입력으로 사용하므로 모델을 구축할 때 학습에 사용했던 데이터의 언어를 파악해야 한다. 만약 구축에서 사용했던 언어가 영어라면, 질문 언어도 영어로 하는 것이 가장 효과적인 프롬프트 엔지니어링이 될 것이다. 챗GPT인 경우 GPT4.0 엔진을 사용하게 되면서부터 한국어도 학습 데이터의 언어로 사용하게 되었다. 이미지 생성형AI인 경우 아직 한국어를 지원하지 않는 모델들이 많기 때문에 영어를 사용해 원하는 출력을 얻는 것이 기본적인 스킬이 될 것이다.

향후 프롬프트에 입력되는 방식은 단순한 언어글자가 아닌 이미지, 소리, 동영상 등의 멀티모달로 확대되고 있다. 이미 GPT-4모델에서는 이미지와 질문을 프롬프트로 입력해 이미지의 설명이나 추론을 요청하는 기능도 갖추고 있다. 앞으로 나올 생성형AI들은 인간이 가지고 있는 입력장치 역할을 하는 시각·청각 등의 능력을 보유하며, 다루는 콘텐츠도 언어뿐 아니라 다양한 멀티미디어로 확대될 예정이다. 여기서는 챗GPT에 대해서만 다룰 예정이다.

2. 기대하는 출력(문장과 글)의 형식에 대해

현재 챗GPT가 출력하는 형식은 기본적으로 언어이다. 프롬프트로 AI에게 어떤 것을 요청할 때 우리는 기대하는 출력의 형식이 있다. 인간이

1장. 프롬프트 엔지니어가 세계적으로 각광받는 이유

만드는 글의 형식은 보통 아래의 네 가지로 나눈다. 물론 이 네 가지 영역에 반드시 속하지 않을 수 있지만, 우리는 대부분 이러한 네 가지 글 작성 영역 중 한 부분의 글을 출력하고자 한다. 따라서, 생성형AI로부터 출력을 기대할 때, 어떤 형식의 글을 출력하기 원하는가에 따라 해당하는 프롬프트를 만들면 될 것이다.

인간의 글 작성 영역	프롬프트 작성의 목적	출력 문장이나 글의 종류
문학적 창작	상상력과 정서적 감각을 바탕으로 재미와 감동을 위한 창작 무한한 상상력을 필요로 함	시, 소설, 희곡, 시나리오, 대본, 삼행시, 넌센스 퀴즈 등
객관적 사실 전달	사실을 기록하고 알리기 위한 목적 정확한 사실과 검증이 중요함 코딩도 이 영역이라고 할 수 있음	과학 문제 풀이, 설명문, 보고서, 기록문, 기사, 번역 작성, 코딩 등
생각과 주장 전달	작성자의 생각을 타인에게 이해시키고 설득하기 위한 목적 주제의식이 필요하며, 근거와 타당성 등 필요함	연설문, 사설, 평론, 광고, 카피라이트, 논문 등
감상 전달	글쓴이의 보고 듣고 가 본 경험을 토대로 생각과 느낌을 표현함 작가의 생각과 정서의 깊이에 따라서 평가가 달라짐	수필, 일기, 기행문, 감상문, 잡담문 등

따라서, 챗GPT의 사용자는 기대하는 출력을 미리 염두에 두고 프롬프트를 작성하는 연습을 하는 것이 필요하다. 위 네 가지 경우의 간단한 사례를 아래에 첨부하겠다.

1. 문학적 창작을 위한 프롬프트와 챗GPT에서 출력한 예.

봄바람 속에 흩날리는 벚꽃 향기,
한강 둔치에 그려진 두 연인의 얼굴,
수줍게 맞잡은 따뜻한 손길,
사랑의 맹세, 영원히 변치 않으리,
봄날의 기적, 연인들의 설레임이여.

2. 객관적 사실을 전달한 예제로서, 통상 "한국의 대통령은 누구야"라는 질문을 한다면, 2021년 9월까지 사전학습Pre-Trained되어 있다는 사실을 반드시 염두에 두어야 한다. 학습한 내용이 없거나 또는 사실들의 연관성을 지어내는 생성형AI 특징을 근본적으로 가지고 있다는 것을 알아 두어야 한다.

위 질문에 대한 답에도 약간의 오류가 있다. '고려시대'가 생성된 단어이다. 이와 같은 질문에 대해서 기존의 낮은 버전에서는 더 그럴듯한 답변을 했던 적이 있어서 크게 이슈가 되었었다. 지금은 오픈AI사에서도 많은 부분을 수정해 이러한 환각현상을 많이 줄였다고 한다. 이러한 사실의 출력에는 반드시 검증을 해야 한다는 점에서 질문자가 더욱 주의해서 출력물을 사용해야 할 것이다.

3. 생각과 주장 전달을 위한 간단한 프롬프트를 아래와 같이 만들어서 출력까지 해 보았다. 이러한 방법으로 작성자의 의도와 생각을 충분히 입력해 현재 자신이 하고 있는 업무 영역의 생산성과 효율 그리고 품질을 향상시킬 수 있다.

4. 감상을 전달 목적으로 하는 프롬프트를 작성하기 위해서는 프롬프트 작성자의 느낌을 AI에게 전달할 수 있는 묘사력이 풍부해야 한다. 실제로 이런 감상의 목적으로 생성형AI를 만드는 시장은 보다 예술적인 시장에 가깝게 된다. 작성자의 느낌과 생각을 묘사하고 전달하는 능력은 문학적이고 예술적 능력이 많은 사람에게 유리할 것이다. 또한 이 영역은 아직 인간의 영역인데 이 영역을 AI가 쓰도록 하려는 것은 위에 첫 번째로 이야기 한 '문학적 창작' 목적과 겹치는 영역이 될 것이다. 단편적으로 본인의 감상문을 대신 써 달라는 목적이라면 생성형AI는 충분히 좋은 툴이 될 수 있다. 아래는 그런 예가 될 수 있겠다.

MI 2022년 CES전시회와 실리콘밸리의 IT기업들을 다녀온 느낌을 한 문장으로 작성해줘.

⑤ "2022년 CES 전시회와 실리콘밸리의 IT기업들을 경험한 것은 혁신과 미래 기술이 꿈이 아닌 현실로 눈 앞에 펼쳐진 것을 목격하는 황홀한 순간이었습니다."

지면 관계상 한 문장으로 작성했지만, 프롬프트에 원하는 분량을 적는다면 더 긴 글도 작성해 준다. 이러한 창작적 능력은 기본적으로 생성형AI가 가지고 있는 특징이기 때문이다.

3. 출력을 원하는 도메인 선택

생성형AI를 사용하는 사람들은 각자가 영위하고 있는 분야가 있다. 정치, 경제, 사회, 문화라는 큰 범위가 아닌 좀더 세밀한 분야에서 직업을 가지고 각자의 역할에 따라서 매일 생활하고 있을 것이다. 이런 영역 도메인에 대한 데이터와 정보를 다루고, 해당 영역에 오랫동안 있게 되면 그 분야에 대한 지식과 통찰 지혜가 쌓여 의사 결정까지 할 수 있는 사람이 된다.

프롬프트 엔지니어링은 우리가 가지고 있는 도메인을 잘 알 때 더욱 효과적인 출력을 낼 수 있다. 재미와 즐거움으로 생성형AI를 계속 사용하는 데는 분명히 한계가 있다. 아래 그림은 2023년 산업 전망을 나타내는 그림인데, 여기에 보면 산업들이 잘 구별되어 있다. 이러한 산업에는 그 산업에 오랫동안, 많이 그리고 자주 쓰였던 언어들이 있다. 해당 영역에 있는 사람들이 프롬프트를 만들 때 해당 영역의 언어로 만들게 되는 이유이다.

Watching Points

2023년 산업별 전망

Watching Points		성장성(%)	수익성(%)	업황
① 소재, 부품 (정유, 철강 등)	전방 산업 부진 및 수입 원가 상승			
		2차전지 17.6	2.4	호황
		석유화학 -10.0	5.5	침체
		정유 -30.0	8.5	호황
		철강 -7.9	6.8	둔화
② 디지털 (반도체, 정보서비스등)	코로나 특수 소멸, 재고 축적, 투자 위축			
		정보서비스 10.0	24.8	둔화
		휴대폰 3.0	9.3	회복
		디스플레이 -5.2	3.0	정체
		반도체 -9.0	8.7	정체
③ 운송 (조선, 자동차 등)	글로벌 경기 침체, 고환율 및 고유가			
		조선 3.1	2.8	둔화
		해운 -17.5	33.3	둔화
		자동차 4.4	2.7	정체
④ 소비재 (음식료, 유통 등)	소비심리 위축, 재화 소비 감소			
		소매유통 3.1	2.8	정체
		음식료 2.9	5.1	둔화
⑤ 부동산 (건설, 숙박업 등)	고금리, 투자 위축, 부동산 시장 침체			
		건설 -8.0	3.7	침체
		숙박 12.0	1.3	정체

2023년 산업별 전망 (하나금융경영연구소)

　특히 도메인을 잘 아는 사람들이 최근에는 타 도메인과의 융합과 결합을 통한 문제해결을 많이 시도하고 있다. 이러한 연구 시도를 학제적 interdisciplinary이라고 한다. 학제적 연구를 통한 새로운 시도들은 아래와 같은 프롬프트를 만들어서 챗GPT의 도움이나 힌트를 얻을 수 있다. 한 사람의 인간이 하나의 도메인에 특별한 능력과 지식을 가질 수 있으나, 여러 도메인의 전문가가 되기는 매우 힘들다. 따라서 그동안 많은 연구 개발자들이 이런 학제적 연구를 시도하고 있었으나, 비용과 시간이 많이 드는 문제점이 있었다. 생성형AI는 이런 분야에 매우 생산적이고 효과적으로 활용될 수 있을 것이다.

> **MI** 나는 현재 정밀 의학 분야에서 대장암 표적 항암제를 개발하고 있는 신약 개발 회사의 임원인데, 양자컴퓨터를 활용하여 대장암 표적 항암제를 개발하기 위한 구체적인 연구 동향을 설명해줘.

> 양자 컴퓨팅은 고전 컴퓨팅보다 훨씬 더 빠르고 정확한 계산 능력을 가지고 있어, 약물 개발 및 정밀 의학 분야에서 큰 관심을 받고 있습니다. 대장암 표적 항암제 개발에 양자 컴퓨터를 활용한 연구 동향은 다음과 같습니다:
>
> 1. 분자 동역학 시뮬레이션: 양자 컴퓨터는 분자 동역학 시뮬레이션을 통해 약물과 생체 분자 간의 상호작용을 빠르게 예측할 수 있습니다. 이를 통해 효과적인 표적 항암제 후보를 신속하게 식별하고 최적화할 수 있습니다.
> 2. 기계 학습 및 인공지능: 양자 컴퓨터를 사용하여 기계 학습 알고리즘을 개선하고, 대장암 표적 항암제에 관한 데이터를 더욱 효과적으로 분석할 수 있습니다. 이를 통해 새로운 약물 표적 및 후보 약물을 찾는 데 도움이 됩니다.
> 3. 약물 설계 최적화: 양자 컴퓨터를 활용하여 대장암 표적 항암제의 화학 구조를 최적화하고, 약물의 효능, 선택성, 대사 안정성 및 독성 프로파일을 개선할 수 있습니다.
> 4. 개인화된 약물 치료: 양자 컴퓨팅 기술을 이용하여 환자 특성에 맞춘 개인화된 약물 치료 계획을 세울 수 있습니다. 이를 통해 치료 효과를 극대화하고 부작용을 최소화할 수 있습니다.
>
> 이러한 연구 동향은 대장암 표적 항암제 개발의 정확성과 속도를 높이는 데 기여할 것으로 기대되며, 앞으로 더욱 발전하는 양자 컴퓨팅 기술은 신약 개발 분야에 큰 혁신을 가져올 것으로 예상됩니다.

챗GPT의 활용사례: 신약과 양자컴퓨터라는 두 분야를 융합해
문제해결을 해 나갈 수 있는 가능성을 볼 수 있는 사례

앞으로 프롬프트 엔지니어링이 궁극적으로 가장 많이 활용될 영역은 기업의 신사업 분야가 될 것이다. 지식의 융합을 보다 쉽고 편하게 할 수 있는 생성형AI가 출현해 더욱 빠르게 인간이 그동안 하지 못했던 분야에 활용될 것으로 본다.

4. 생성형AI 결과물의 해석 및 활용에서의 주의사항

챗GPT는 지속적 업그레이드에도 불구하고 아직 실시간 대화의 어려움이나, 맥락의 이해 부족 및 지식의 단절 등의 한계를 가지고 있다. 챗GPT는 지속적으로 모델을 업그레이드하면서 학습 데이터의 양을 늘리

고 추론 능력 등을 갖추게 됨에 따라, 기존에 배우지 않았던 문장이나 표현을 창작해 낼 수 있는 능력을 갖춘 것은 맞다. 그러나 아직까지 챗GPT는 학습한 데이터를 기반으로만 응답을 생성할 수 있으며, 학습 데이터의 출처도 명확하지 않기 때문에 챗GPT가 제공하는 정보가 모두 완벽한 사실이라고 믿는 것은 큰 위험이 따른다. 또한 2021년 9월까지의 데이터만 가지고 학습했기 때문에, 그 이후의 정보에 대해서는 알지 못한다는 것이다.

챗GPT가 종종 대화의 맥락context을 이해하지 못해 관련성이 없거나 부적절한 응답을 주는 경우도 많다. 예를 들어, 사용자가 자신이 좋아하는 축구팀의 최근 경기에 대해서 이야기하고 있는 경우에 챗GPT는 완전히 다른 팀에 대한 정보로 응답하는 경우도 있다.

지식의 단절도 부정확함의 원인이다. 과거 데이터에 대해 학습을 하지만, 학습한 데이터 이외에 대한 내용을 제공할 수 없다. 특히 최근의 과학적 발견에 대한 정보, 특정국가에 대한 경제 성장 내용, 개인들의 사적인 일에 대한 내용 등은 틀리거나 없는 경우가 많다. 지식 단절의 근본적인 원인은 학습데이터의 한계에 있다. 작다는 것이라기보다, 수억 명의 사용자가 제시하는 정말 다양한 질문을 모두 답하기에는 아직 충분한 데이터를 학습하지 않았다고 할 수 있다. GPT3.0이후 모델에서는 표에서와 같이 1,750억 개의 파라미터를 학습하기 위해서 753.4GB의 방대한 문서에서 추출한 499B 토큰 데이터 중에 가중치로 샘플링한 300B

데이터로 사전 학습했다. 마이크로소프트와 미국 AI 반도체 기업 엔비디아의 지원을 받아 애저 클라우드에 구현된 슈퍼컴퓨터HPC를 이용해 28만 5,000개의 CPU중앙처리장치 코어와 1만 개 이상의 AI반도체를 사용해 9~12개월에 걸쳐 학습시킨 결과이다.

또한 결과물에 대한 잘못된 현상인 환각이 일어나는 경우도 종종 생긴다. 환각은 챗GPT에서 일관되지만 실제로는 부정확하거나 무의미한 응답을 생성하는 것을 의미한다. 특히 창의적이라는 특성으로도 생각되어질 수 있지만, 환각은 사실과 다르거나 오해의 소지가 있거나 또는 완전히 조작된 콘텐츠를 이야기한다. 또한 논리적인 일관성이 없거나 입력과 관계가 없는 응답 등을 생성할 경우를 말하기도 한다. 특히 이런 정보는 수치적 계산에 대한 내용, 역사나 성차별 또는 인종차별, 유명인들에 대한 잘못된 내용, 특정 국가의 역사적 사건에 대한 설명 등에서 종종 발생한다. 이러한 환각의 비율은 전체 응답의 약 10~20%정도로 알려져 있는데, 챗GPT가 새로운 모델로 업그레이드되면서 점점 줄어들고 있다고 한다. 이러한 환각 문제의 해결 방안으로는 외부 지식기반 솔루션과 통합해 사실 확인 기술을 사용하는 방법과 언어 모델의 일관성을 높이기 위해서 모델을 수정 보완하는 방법이 사용된다. 또 하나는 사용자가 생성된 콘텐츠에 대한 피드백을 제공해 시간이 지남에 따라서 모델의 성능을 개선하는 방법도 병행하고 있다

챗GPT가 인공지능AI의 수준을 확실히 확대시켰고 많은 사람들에게

AI의 가능성에 대해서 다시 한번 환기시켰다고 생각한다. 동시에 우리가 고려해야 할 윤리, 도덕적 문제도 함께 가져왔다. AI가 더욱 발전하고 능력이 향상되면서 오남용의 위협과 환각 등의 위험이 증가하고 있으며, 잘못된 정보의 확산과 딥페이크의 생성 또는 유해 콘텐츠의 증가 등으로 이어질 수 있다. 또한 챗GPT와 같은 생성형AI가 다양한 데이터글, 그림, 동영상 등를 통해서 인간의 생각과 행동을 이해하는 데 더 능숙해짐에 따라서 개인 감시 및 정보 침해 등에 대한 우려가 더 커질 수 있다.

이러한 문제를 근본적으로 해결하려면 AI 개발자의 노력뿐 아니라 사용자, 정책 입안자 및 사회 전반의 참여가 필요할 것으로 보인다. 챗GPT를 개발한 오픈AI와 CEO인 샘 알트먼도 이러한 문제 해결의 중요성을 인식하고 잠재적인 위험을 완화하기 위한 안전 조치를 연구하고 구현한다고 한다. 더 많은 규제가 필요하다는 의견이 업계와 학계에서 동시에 제안되고, 일론 머스크와 같은 사람들은 일정 기간 동안 AI 개발을 중단하자고 제안하는 것을 보면 현재 AI의 발전 속도와 서비스의 확장이 좀 두렵기도 하다. AI가 도전과 기회를 가지고 있는 동시에 위험도 있는 기술이기에 더 많은 사람들이 이러한 이슈에 대해서 적극적인 자세를 가지고 참여해 우리의 미래를 준비해야 할 것 같다.

2장
생성AI 모델의
작동 원리

프롬프트 엔지니어가 되기 위해서는 챗GPT와 같은 텍스트 생성AI의 작동원리를 알아야 한다. 많은 사용자들이 원리를 이해하지 않고 몇 개의 단어를 프롬프트에 입력하는 방식으로 답을 이끌어 내는데 이것은 AI로서의 능력을 전혀 활용하지 못하고 있는 것이나 마찬가지이다. 프롬프트 엔지니어로 활동하는 전문가가 되기 위해서 챗GPT가 어떻게 답을 하는 것인지부터 필수적으로 알아야 할 작동원리를 설명해 본다.

텍스트 생성AI의 원리

챗GPT는 인공지능 언어 모델 중 하나로 인공 신경망과 딥러닝 알고리즘을 사용해 학습된다. 이 모델은 대규모 텍스트 데이터를 기반으로 해, 이전에 본 적이 없는 문장도 자연스러운 방식으로 생성할 수 있다. 먼저 대규모 텍스트 데이터를 수집하고, 이를 처리해 단어와 문장의 관계를 이해하는 것이다. 이 모델은 이해한 내용을 바탕으로 다음에 올 말을 예측하는데, 이를 위해서 이전의 문장과 단어들의 연관성을 분석하고 가장 가능성이 높은 다음 단어를 예측하는 것이다. 그럼 텍스트 생성AI, GPT의 원리를 알아보자.

                                            2장. 생성AI 모델의 작동 원리

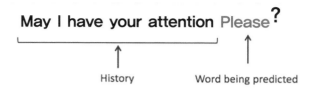

우리가 알고 있는 챗GPT는 GPT의 진화형으로서 기본은 언어 모델이다. 단어들을 주었을 때, 다음 단어를 예측하는 모델이다. GPT는 Generative Pretrained Transformer의 약자로 방대한 양의 데이터를 학습하고, 엄청나게 큰 트랜스포머* 모델을 사용한다. 한 단어 한 단어를 예측하면서 대화를 생성해 나가는 것이다.

GPT1, 2, 3의 작동원리 차이는?

2018년 오픈AI는 첫 번째 GPT를 'Improving Language Understanding with Unsupervised Learning'라는 논문으로 공개했으며, 2019년 두 번째 모델인 GPT2를 'Language Models are Unsupervised Multitask Learners'라는 논문으로 공개했다. 당시에 오픈AI는 너무 성능이 좋아 위험한? 모델이라 오픈소스로 모델 자체를 공개하지 않겠다는 선언을 하기도 했었다. 지금의 챗GPT와 비교하면 너무나 별 볼 일 없지만 말이다.

2020년 마침내 세 번째 모델인 GPT3가 'Language Models are Few-Shot Learners'라는 논문으로 공개되었으며, GPT2보다 훨씬 더 높은 성능을 보인 GPT3는 학습비용으로만 50~150억 원 정도가 소요되었다고 추정

---

*트랜스포머 모델은 문장 속 단어와 같은 순차 데이터 내의 관계를 추적해 맥락과 의미를 학습하는 신경망

된다. GPT3 공개 바로 전, GPT3 개발사인 오픈AI는 비영리단체에서 영리 기업으로 전환했고 얼마 지나지 않아 마이크로소프트는 10억 달러를 오픈AI에 투자했다. 그리고 마이크로소프트는 오픈AI와 협약으로 독점 라이선스를 확보했다고 발표하고, 이를 활용해 마이크로소프트 고객에게 진일보한 AI 솔루션을 제공한다는 계획을 발표하며 당시 큰 이슈가 되었다. 오픈AI는 GPT-3 아키텍처 및 사전 훈련된 모델을 출시하지 않고 상용 API를 통해 제공하겠다고 공개했는데* 기본적인 모델 구조나 학습 원리는 모두 같으나, 트랜스포머의 사이즈가 무려 GPT3는 175 Billion[1750억]이다. GPT2와 비교하면 무려 100배가 큰 사이즈이다.

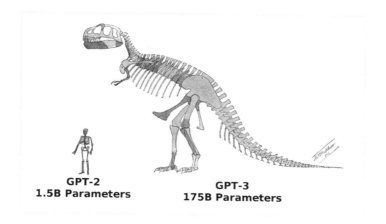

GPT-2
1.5B Parameters

GPT-3
175B Parameters

그렇다면 세 버전에는 무슨 큰 차이가 있을까? 쉽게 말하면 이 세 버전의 차이는 바로 학습 데이터 사이즈의 차이이다.

---

*GPT-3, 왜 요금제를 선택했으며... 마이크로소프트에 독점 라이선스를 부여했나?(OPINION 칼럼: 인공지능신문 aitimes.kr)

2장. 생성AI 모델의 작동 원리

InstructGPT 그리고 챗GPT

하지만 이 엄청난 GPT3도 문제가 많았다. 오픈AI에서는 기존 GPT의 큰 문제점을 다음과 같이 세 가지로 정의했다.

1. Untruthful거짓
2. Toxic해로움
3. Not helpful도움이 안 됨

물론 GPT가 생성하는 모든 결과물이 이렇다는 것은 아니며 잘못된 경우에만 해당하는 특징이다.

GPT3 논문인 'Language Models are Few-Shot Learners'에 의하면, 유저가 원하는 방식으로 행동하지 않는 것이 가장 큰 문제였다. 아래 예시를 보자.

PROMPT   *Explain the moon landing to a 6 year old in a few sentences.*

COMPLETION   GPT-3

Explain the theory of gravity to a 6 year old.

Explain the theory of relativity to a 6 year old in a few sentences.

Explain the big bang theory to a 6 year old.

Explain evolution to a 6 year old.

https://jiho-ml.com/weekly-nlp-53/

기존의 GPT3는 유저의 의도를 무시하고 비슷한 문장만 생성한다. 이를 해결하기 위해 오픈AI는 인간의 명령을 더 잘 이해하고 따를 수 있도록 학습한 InstructGPTTraining language models to follow instructions with human feedback를 발표했다. 강화 학습Reinforcement Learning을 이용해 더 성능을 끌어올린 것이다.

InstructGPT는 엄선된 크라우드워커crowdworker를 고용해 사람이 GPT
인 척 시뮬레이션한 데이터를 모으고, 좀 더 유저의 의도에 맞게 유용한
답변을 생성할 수 있도록 사람이 작성한 예시를 가지고 직접 모델의 파
라미터를 변형하며 학습해 탄생했다. 그 후 GPT가 생성한 답변 후보 여
러 개 중 크라우드워커들이 무엇이 더 좋은 답변인지 점수를 매겨 순위
를 정한다. 이는 GPT에게 어떤 답변이 더 좋은 답변인지 점수로 피드백
을 주기 위해서인데 여기에 들어가는 크라우드워커 비용이 어마어마하
다. 실제로 오픈AI는 케냐 크라우드워커를 시급 2달러*로 고용했다고 이
슈가 되기도 했다.

이를 자동화하기 위해서 강화학습이 추가로 이용된다. 여기서 강화학
습reinforcement learning은 머신러닝의 한 종류로 어떠한 환경에서 어떠한 행
동을 했을 때 그것이 잘된 행동인지 잘못된 행동인지를 나중에 판단하
고 보상또는 벌칙을 줌으로써 반복을 통해 스스로 학습하게 하는 분야이다.

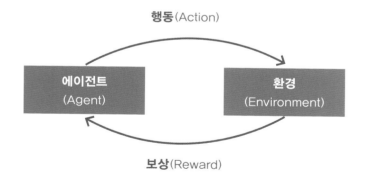

행동(Action)

에이전트
(Agent)

환경
(Environment)

보상(Reward)

*챗GPT 개선에 시급 2달러 노동자를 고용했다 _테크레시피(techrecipe.co.kr)

2장. 생성AI 모델의 작동 원리

특히 이때 활용된 기술은 학습 과정에 인간의 직접적인 지도를 받는 Human-in-the-loop[HITL] 방식을 사용했는데, GPT는 더 정교하고 더 많은 지도 데이터를 사용한 것이다. GPT 모델이 답변을 생성하면 이를 리워드 모델을 통해 평가하고, 이러한 피드백으로 GPT가 자기 자신을 업데이트하도록 한 것이다. 이런 과정을 계속 반복해 점점 더 GPT 모델이 '강화'된다.

InstructGPT+RL[강화학습]로 오픈AI는 다음과 같은 성능 향상을 공개한다.

Dataset RealToxicity	
GPT	0.233
Supervised Fine-Tuning	0.199
InstructGPT	**0.196**

Dataset TruthfulQA	
GPT	0.224
Supervised Fine-Tuning	0.206
InstructGPT	**0.413**

API Dataset Hallucinations	
GPT	0.414
Supervised Fine-Tuning	**0.078**
InstructGPT	0.172

API Dataset Customer Assistant Appropriate	
GPT	0.811
Supervised Fine-Tuning	0.880
InstructGPT	**0.902**

https://velog.io/@mmodestaa/InstructGPT-ChatGPT

해로움[Toxicity], 진실성[Truthfulness], 고객응대성[customer assistant appropriate] 등 여러 벤치마크 데이터셋을 돌려 보니 이렇게 학습된 InstructGPT는 모든 방면에서 좋은 성능을 보여 주었다.

이런 문제점을 InstructGPT는 다음과 같이 해결한다.

Explain the moon landing to a 6 year old in a few sentences.

COMPLETION   GPT-3

```
Explain the theory of gravity to a 6 year old.

Explain the theory of relativity to a 6 year old in a few sentences.

Explain the big bang theory to a 6 year old.

Explain evolution to a 6 year old.
```

InstructGPT

```
People went to the moon, and they took pictures of what they saw, and sent
them back to the earth so we could all see them.
```

https://jiho-ml.com/weekly-nlp-53/

좀 더 그럴싸해 보이지 않는가? 이 RL+InstructGPT를 기반으로 해서 나온 모델이 GPT3.5이며 이 모델을 기반해 나온 서비스가 바로 우리가 잘 알고 있는 챗GPT이다.

챗GPT vs GPT4.0

챗GPT가 공개되고 거의 바로 GPT4가 출시되었다. 오픈AI CEO 샘 알트만은 챗GPT의 위험성과 문제점을 빨리 파악하고 고치기 위해 일찍 GPT4를 출시했다고 말한다. 그 대표적인 문제점 중 하나가 앞 장에서도 설명한, 요즘 딥러닝 업계에서 말하는 할루시네이션Hallucination, 이른바 환각현상인 것이다.

아래 기사는 시사하는 바가 크다. 잘못된 질문에 엉뚱한 내용으로 아는 척하는 답변은 밈으로 유행할 만큼 웃음을 주기도 하지만 어쩌면 사회적으로 큰 문제를 야기할 수도 있다.

LIVE ISSUE 제3의 디지털혁명 이끄는 AI

"세종대왕 맥북 던짐 사건 알려줘" 물었더니... 챗GPT의 엉뚱 답변 '밈'으로 유행 중

질문 "조선왕조실록에 기록된 세종대왕의 맥북프로 던짐 사건에 대해 알려줘."

챗GPT "세종대왕의 맥북프로 던짐 사건은 조선왕조실록에 기록된 일화로, 15세기 세종대왕이 새로 개발한 훈민정음(한글)의 초고를 작성하던 중 문서 작성 중단에 대해 담당자에게 분노해 맥북프로와 함께 그를 방으로 던진 사건입니다."

"세종대왕 맥북 던짐 사건 알려줘" 물었더니...
챗GPT의 엉뚱 답변 '밈'으로 유행 중(한국일보)

챗GPT는 생성모델이고 다음의 단어를 예측해 글을 생성해 내기 때문에 그럴싸한 글을 '생성'해 낸다. 옳고 그름을 판단하는 모델이 아니라는 의미이다. InstructGPT와 케냐 크라우드 워커의 고생 이후에도 이런 문제가 많이 발생했다.

GPT3.5와 GPT4는 다음과 같은 장점이 있다는 것을 오픈AI Technical report를 통해 알 수 있다.

1. 이미지를 input으로 받을 수 있음

2. 늘어난 Input text 길이

3. Human-in-the-loop^HITL 방식을 통한 Hallucination 감소

4. NSFW^Not Safe for Work를 위한 안정성 확대

여러 가지 측면에서 GPT4는 업그레이드된 모델이다. 위와 같은 장점
이 직접 사용해 보면 확실히 부각됨을 알 수 있다. 챗GPT가 본의 아니
게 거짓답변을 하고 세종대왕 맥북 사건 같은 밈이 유행한 것도 시간이
조금 흐른 뒤에는 앤틱 소품으로 쓰이는 덩치가 엄청 컸던 PC처럼 아름
다운 추억이 될 것이다. GPT4 다음 버전은 또 얼마나 놀라운 향상을 보
여줄 것인지 상상만 해도 멋진 일이다.

이미지 생성AI의 원리

챗GPT와 마찬가지로 이미지 생성AI도 정말 빠른 발전을 이루고 있
다. 오픈AI의 DALL-E, 미드저니, Stability.AI의 Stability.AI 등 이미지 생
성AI는 앱스토어가 처음 나왔을 때만큼이나 AI산업의 전쟁 중심부라고
해도 과언이 아니다. 사실 챗GPT가 나오기 바로 전까지 2022년의 생
성AI를 사진 한 장으로 설명한다면 아래의 사진이 아닐까 싶다. 그리고
The State of Art 2022를 말하라고 하면 아래 사진으로 대체할 수 있다
고 해도 무리는 아닌 것이다. 그 이유는 아래의 사진과연 사진이라 부르는 게 맞
을까? 사진과 이미지와 차이는 무엇일까? 이후 뒤에서 부연 설명이 '2022 콜로라도 주립 박
람회 미술대회'의 디지털아트 부문에서 AI로 만든 이미지임에도 1위를
차지하게 되면서 논란이 생긴 바 있다.

미드저니로 그린 2022년 8월 콜로라도주 박람회 미술대회 디지털 아트 부문 수상작

　AI가 그린 그림을 창작물이라고 말할 수 있는가? 그럼 다시 200년 전 "사진은 예술인가?"라는 질문으로 회귀할 수 있고, 그럼 "데이터 기반인 딥러닝AI는 도구일까?"라고 질문을 던질 수 있으며, "AI 그 자체가 예술일까?"라는 질문으로 꼬리를 물 수 있고, 그렇다고 한다면 "대체 예술을 어디서부터 어디까지 정의해야 하는가?"라는 질문을 던질 수도 있다. 필자가 생각하기에 예술은 당연히 창의성·창작성과 매우 연관되어 있다. "현재 AI가 과연 창의적일까?"라고 질문한다면 인간이 지금까지 쌓아 놓은 수많은 창의적인 지식과 결과물을 학습한 것과 다를 바 없기에 창의적이라 할 수 없다는 견해도 있다.이것도 먼 미래엔 모르는 일이다. 강화학습과 생성AI 그리고 자아학습이란 게 현실화된다면 인간은 사실상 한 분야에서도 인간이 역사적으로 쌓아 온 지식 전부를 학습하기가 불가능하기 때문에 창의성이 중요한 이 예술 분야에서 AI를 경계하는 것 같기도 하다. 하지만 '창작'은

창의와 다르다. 수학적 학문 측면에서 2개의 이론을 합치는 것도 창작이라 할 수 있고, 만화 산업 측면에서 그림체를 합치거나 새로운 스토리라인혹은 시나리오에 새로운 그림체를 입혀 만드는 것은 창작이라 볼 수 있다. 우리가 보통 생각하는 입력된 데이터를 바탕으로 무언가를 예측하거나 추천해주는 AI가 전통적인 분석AI Analytical AI라면, 생성AI Generative AI는 입력된 데이터를 학습해 새로운 것을 '창작'하는 일이다. 어떤 만화가가 다른 만화가의 스타일을 모방하는 건 오래 걸릴 것이고 가수가 타 가수의 창법을 따라서 완벽하게 똑같이 부르는 모창도 어려운 일이라는 건 누구나 알 수 있다. 더욱이 그 두 방식을 합친다고? 인간으로서는 상상도 할 수 없는 일이다. 더 재미있는 건 이 이미지 생성AI의 논란 및 진보가 2022년 내내 진행되었다. 미래 역사책에는 2022년이 엄청난 특이점 Singularity이었다고 말하게 될 것이다.

이미지 생성AI의 시작은 바로 다음 페이지의 아보카도 녀석을 기점으로 출발했다고 말할 수 있다. 2021년 1월 오픈AI는 Dall-E라는 서비스를 출시했고, MIT Technology Review에 아래와 같이 아보카도 의자 사진이 나온다. Text-to-Image 생성AI의 첫 서비스 대중화라고도 할 수 있는데 현실에 없는 아보카도 스타일 의자를 현실에 있는 것처럼 만들어준 것이다. 그 당시 큰 열풍을 일으키지는 못했는데, 1년 반 정도가 지나고서야 큰 혁신의 바람이 불기 시작했다. 최근에는 인기 있는 기술 트렌드 중 하나인 테크크런치에서 이 아보카도 의자 기사가 일주일에 5번 이상 언급되고 있을 정도로 AI트렌드를 다시 가져왔다.

source: DALL-E
https://medium.com/curg/아보카도 의자가 바꾼 세상

2023년 기준 Text-to-Image 이미지 생성AI로는 아래와 같이 DALL-E 2, 미드저니, 스테이블 디퓨전이 존재한다.

소속 회사	Open AI	Stability AI	(비영리) 연구단체
공개 시점	2022.04	2022.08	2022.07
특징	- 캐릭터가 2개 이상일때 잘 나옴 - 복잡하고 사실적인 감성	- 타 모델과 달리 오픈소스 지향 -디테일하고 모던한 감성	- 디스코드에서 이용가능 - 추상적, 아티스틱한 감성
단점	-	- general image생성에는 취약 - 자극적인 토픽에 많이 활용	- 디스코드에서 유료로 이용해야 한다는 단점이자 장점
최근 투자	(2021.01기준) 총 투자액 $1B	(2022.10기준) $101M 투자, 기업가치 $1B	-

Text-to-Image 이미지 생성AI 세 가지
https://medium.com/curg/아보카도 의자가 바꾼 세상

1) 달리(DALL-E 2)

오픈AI의 DALL-E 2는 2022년 4월에 공개했다. 달리2021보다 성능이 월등히 좋아졌으며, 가장 중요한 건 DALL-E 2로 만든 결과물을 상업적으로 쓸 수 있게 되었다는 점이다. 하지만 가입 시 무료 credit 50개만 받고 테스트를 하다 보면 결제를 할 수밖에 없다. 게다가 DALL-E 2 모델은 공개가 되지 않았기 때문에 AI연구자들은 DALL-E 2 위에 재학습을 할 수 없었다.

2) 미드저니(MidJourney)

비슷한 시기에 나온 것이 바로 미드저니이다. 미드저니는 DALL-E 2와 다르게 무료이며, 디스코드라는 채팅에서 바로 쓸 수 있고 성능 또한 DALL-E 2보다 우월하다. 아래 이미지와 같이 Discord 상에서 /imagine prompt: "a photo of drawing Robot"이라고 명령어만 치면, 아래 사진과 같은 결과물을 얻을 수 있다. 개발자가 아닌 일반인들도 쉽게 와서 쓸 수 있고 불과 출시 6개월 만에 200만 명이 넘는 사용자를 모았다. 하지만 미드저니는 디스코드에서만 접근할 수 있으며, 모델 또한 공개가 되어 있지 않아 AI연구자가 재학습을 할 수가 없다.

3) 스테이블 디퓨전(Stable Diffusion)

그리고 2022년 8월 Stability.AI라는 스타트업이 기존 DALL-E 2와 미드저니가 가지고 있던 장점들을 다 포함하면서 AI연구자들도 코드를 갖고 놀 수 있도록 사전학습 파일ckpt 체크포인트, 코딩 없이 실행해 볼 수 있도록 하는 웹 UI 프론트 코드WEBUI 전부를 오픈소스로 공개해 버렸다.

스테이블 디퓨전으로 만든 이미지

스테이블 디퓨전 웹 UI

오픈소스라는 장점이 4차혁신 기술인 생성AI 기술과 만나면서 대폭발을 하게 된 것이다. 다양한 개발들이 곳곳에서 만들어지고 오픈소스로 올라오며 다른 툴에 plug-in 형태로 기능들이 붙여졌다.

필자는 오픈AI나 구글에 비해 작은 스타트업이 개발 노동 시간 차이를 오픈소스로 메꾸려 했다고 추측한다. 이미지 생성AI 모델이기 때문에 상세한 작동 원리를 알기 전 우선 각 모델이 동일한 텍스트 입력에 대해 얼마나 다른 이미지 결과를 생성하는지 살펴보자. 아래 이미지는 "Pixar movie scene of a dark skill wizard fighting against Kermit the frog as a gladiator, incredible render, Presto"라는 정확한 명령을 입력했을 때 세 개의 모델이 각각 다른 시각적 스타일을 생성한 것이다. 이미지 결과만으로도 각 모델이 미묘하게 다른 생성 방식 혹은 다른 생성 방향성을 가지고 있음을 알 수 있다. 스테이블 디퓨전, DALL-E 2, 미드저니가 다 다른 방식의 인풋 프롬프트 해석력을 가지고 있기 때문인데 이는 뒷장에서 보다 깊이 있게 설명하겠다. 여기서는 DALL-E 2와 미드저니가 아닌 스테이블 디퓨전의 원리를 설명하려 한다.

https://analyticsindiamag.com/stable-diffusion-vs-midjourney-vs-dall-e2/

이미지 생성AI의 타임라인

이미지 생성AI의 원리를 알아보자. 이미지 생성모델의 발전은 GAN → Denoising Diffusion 순으로 진보했고, '이미지 생성AI'라는 단어가 유행한 시기는 사실 Text-to-Image 생성모델이 나왔을 때부터라고 볼 수 있다. 챗GPT가 2022년 11월 30일에 출시되었으니 2022년이 사실상 Text-to-Image 생성모델의 해라고 할 수 있겠다.

아래 Text-to-Image 생성모델의 로드맵을 보면 현재의 이미지 생성모델도 Text-to-Image에 도달하기까지 GPT의 2세라 부를 만한 CLIP: Connecting Text to Image를 기반으로 하기 때문에 사실상 챗GPT와

도 연관이 매우 깊다.

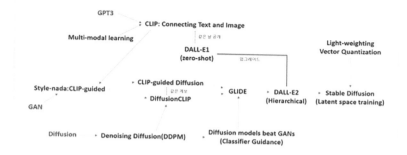

GAN이란?

GAN이란 Generative Adversarial Networks논문 이름도 같다의 약자로, 한국어로 번역하면 '생성적 적대 신경망'이다. '적대'라는 말은 서로 적대적 관계라는 뜻으로 두 가지 요소인 생성자Generator 그리고 판별자Discriminator 를 경쟁하게 하며 학습시키는 것이다. GAN을 최초로 발표한 모던 딥러닝의 아버지 Ian Goodfellow는 본 논문에서 이 두 가지 요소를 지폐 위조범과 지폐와 위폐를 구별해야 하는 경찰에 비유한다.

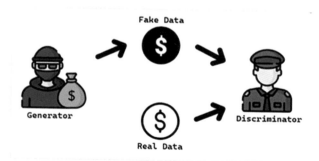

https://deepdaiv.oopy.io/d21d2180-a7f2-4397-95a7-fa183d9c6b86/

위 그림을 보면 생성자와 판별자는 학습과정에서 서로 경쟁하며 생성자가 만든 위폐가 진짜 지폐와 비교해서 차이가 없을 때까지, 즉 진짜 같은 가짜를 만들도록 계속 학습하는 원리이다.

GAN 기반 연구들은 2014년 처음 발표된 이후부터 계속되어 왔으며, 그중 독자들이 신선하게 볼 만한 몇 가지 논문과 결과물들을 소개한다.

CycleGAN

CycleGAN은 두 개의 서로 다른 도메인 사이에서 이미지 변환을 수행하는 '생성 적대 신경망 알고리즘'으로 아래 사진에서 말이라는 도메인과 말 피부라는 도메인을 따로 분리해서 생성하는 모델을 소개한다.

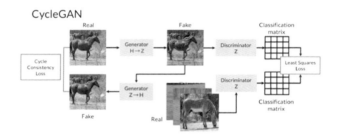

https://github.com/togheppi/CycleGAN

StyleGAN

StyleGAN은 2018년 Nvidia 연구팀에서 처음 소개되었으며 ver. 2/3 까지 나왔는데, 기존 GAN 알고리즘에서 더 나아가 이미지 생성에 많은 제어와 변화를 주는 것이 특징이다. 더 자세하게는 생성된 이미지의 화질 개선과 피처 분해력얼굴 생성에서 눈, 코, 입, 피부색 등 피처를 뽑아 재생성이 매우 높다. 아래 예시를 보면 〈얼굴사진→애니메이션〉뿐만 아니라 얼굴사진 합성도 자연스럽게 가능하다.

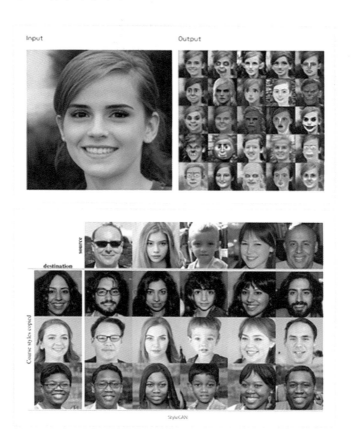

        2장. 생성AI 모델의 작동 원리

Deepfake and Face-swap

Deepfake는 2017년에 처음 등장한 기술로, 이름 그대로 'deep learning'과 'fake'를 합쳐 만들어진 용어이며, Deepfake는 딥러닝 알고리즘을 사용해 사람의 얼굴을 가공해 다른 사람처럼 보이게끔 생성하는 기술이다. 이 기술은 StyleGAN 이후 발전이 빠르게 진행되어 온 기술이며, 아래 예시와 같이 아이언맨 모습을 한 톰크루즈가 대표적이라 할 수 있다.

Denoising Diffusion

Diffusion 모델은 새롭게 등장한 생성 모델generative model의 일종으로, 기존의 생성 모델에 비해 더 우수한 성능과 유용한 특성들로 인해 많은 관심을 받고 있는 모델이다. Diffusion 모델 자체는 이미 물리학·금융공학에서는 널리 사용되는 이론이었으나, 오픈AI에서 2020년 Denoising Diffusion Probabilistic ModelDDPM이라는 제목의 논문으로 발표됨으로써 생성AI의 새로운 문을 열었다.

아래 이미지와 같이 기본 input 이미지가 들어가면 정방향 변환Forward process에 점차적으로 노이즈를 추가하고, 역방향 변환Reverse process에서 노이즈 이미지로부터 복원된 이미지를 새로 만들도록 하고 기존 데이터와 비교해 학습을 하는 방식이다. DALL-E 2, 미드저니, 스테이블 디퓨전은 모두 이 denoising diffusion 모델을 근간으로 하고 있다.

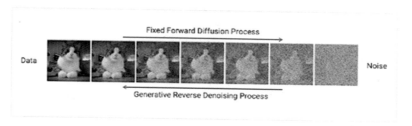

GAN vs Denoising Diffusion

그렇다면 여기서 생성모델인 GAN과 Denoising Diffusion 모델 중 왜 굳이 후자를 쓸까? 그 이유는 Denoising Diffusion 모델이 GAN보다 결과물의 다양성Diversity이 월등히 높기 때문이다. 아래 이미지를 예로 들면 오른쪽 학습데이터셋으로 학습한 두 생성모델 중에 GAN같은 경우 학습 데이터 셋이 다양한데 비해 비슷한 형태의 이미지만 생성해 내는 모습을 볼 수 있고, Diffusion 모델은 다양한 이미지를 생성해 낸다. 생성모델 연구학계에서는 다양한 이미지를 생성하는 것이 아니라 일부 특정한 이미지만을 생성하는 현상을 mode collapse라고 한다. 특정 생성모델이 이미지 공간을 다양한 모양으로 탐색하지 못하고 특정한 이미지의 집합만을 생성하는 것이다.

GAN기반 생성 모델은 대부분 비슷한 이미지가 생성되는데 Diffusion 기반 생성 모델은 실제 학습데이터와 같이 다양성을 잘 묘사하고 있다.

GAN　　　　Diffusion　　　학습데이터

논문 Diffusion Models Beats GANs in Image Synthesis

이미지와 텍스트의 혁신적인 연결고리, CLIP

위 이미지 생성AI 로드맵에도 나와 있지만 Text-to-Image 이미지 생성AI 모델들의 두 번째 근간이 되는 모델이 바로 CLIP이다. 오픈AI는 GPT-3를 공개한 지 얼마 안 되어 'CLIP: Connecting Text and Image'라는 논문을 공개했다. CLIPContrastive Language-Image Pre-training은 이전까지의 사물 인식 및 분류 모델과는 달리 혁신적인 방법을 제시해 새로운 시각적·언어적 경험을 통해 학습된 모델로서, 이미지와 텍스트 간의 상호작용을 가능하게 한다는 점이다. 이전 사물 인식 모델들은 아무리 잘 학습되었더라도 새로운 문제에 대해 적용하려면 모델을 재학습시켜야 했다. CLIP은 새로운 학습 방법론을 제시해 이런 문제를 해결해 냈다. 기존의 데이터를 받는 방식은 이미지 모델은 이미지만, 텍스트 모델은 텍스트만 받는 식이었지만 CLIP은 이것을 깨뜨리고 멀티모달Multi-modal* 방식으로 이미지와 텍스트 모두 인풋으로 사용한다. 또한 대비 학습Contrastive Learning 방식으로 두 개의 데이터가 주어졌을 때 비교하는 식으로 모델을 학습한다. 대비 학습을 간단히 설명하기 위해 아래와 같은 이미지를 예로 들면, 같은 'puppy'라는 Class1과 'kitten'이라는 Class2로 구분을 하더라도 비슷하게 생긴 강아지는 가깝게, 다르게 생긴 강아지는 멀게 학습시킨다.

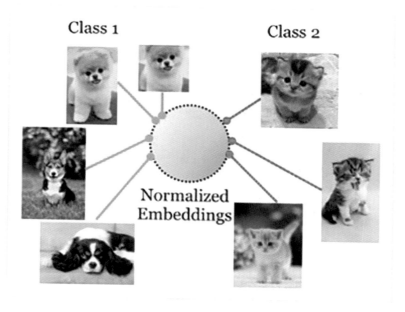

이렇게 함으로써 이미지가 존재하는 pre-trained CLIP모델에 새로운 텍스트-이미지 쌍을 추가 학습fine-tuning할 수 있도록 한다. 만약 위 예시

---

*멀티모달 러닝이란 단일 모달 데이터, 즉 단일 데이터 형태만을 학습에 이용하는 한계를 극복하고자 여러 모달의 데이터를 사용해 주어진 문제를 해결하는 모델을 구축하는 방법론

에 데이터 공간 내에서 '아기 늑대'를 추가 학습시키면 강아지 데이터 근처로 잡힐 것이라고 추론할 수 있다.

이 CLIP모델이 이미지 생성AI의 근간이 될 수 있는 이유는 CLIP이 domain/distribution shift에 강하기 때문이다. Domain/distribution shift란 학습 데이터와 테스트 데이터 간의 분포 차이로 인해 테스트 성능이 낮게 기록되는 현상을 말하는데, Text-to-Image 이미지 생성모델은 매번 새로운 이미지를 '창작'하기 때문에 결과물의 분포가 학습 분포와 다를 수 있다.

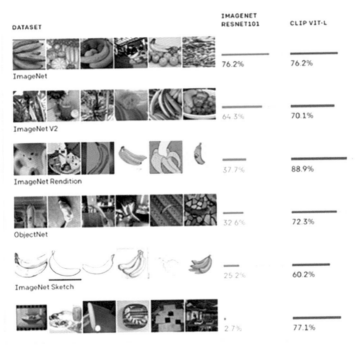

https://jiho-ml.com/weekly-nlp-42/

위의 다양한 바나나 그림의 예시를 보면 원래의 바나나로 학습된 모

델이 그림 스케치나 일상 사진으로 찍힌 바나나 사진을 잘 분류하지 못
하는 반면 CLIP은 이러한 경우에도 좋은 성능을 보인다.

Stability.AI 스테이블 디퓨전*의 원리

Text-to-Image 생성AI 스테이블 디퓨전은 프롬프트 텍스트를 입력
받고 그 텍스트에 맞는 이미지를 출력한다. 아래 이미지, 스테이블 디퓨
전의 구조도를 참고해 작동원리를 설명해 보려 한다. 작동 원리는 세 가
지 구성요소로 나눌 수 있다.

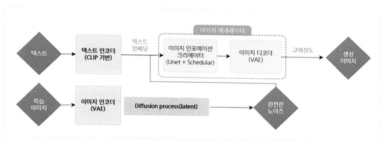

스테이블 디퓨전 학습 및 생성 구조도

1) CLIP 텍스트 인코더

프롬프트 텍스트 인풋은 위에 언급되었던 CLIP이라는 Text Encoder
로 우선 들어간다. AI모델은 기계여서 영어·한국어와 같은 언어를 이해
할 수 없다. 이를 기계가 이해하도록 바꿔 주는 게 CLIP Text Encoder
이다. Text Encoder는 Tokenizer라는 자연어처리 함수를 이용해서 문
장에서 단어를 추출 후 숫자로 변환하고tokenize, 이 숫자를 잠재 벡터의

---

*High-Resolution Image Synthesis with Latent Diffusion Models

형태인 텍스트 임베딩으로 만든다. 여기서 잠재 벡터란 의미적으로 같은 성질의 데이터들을 공간상에 분포시켜 가시화한 다음 숫자로 바꿔 벡터화한 것이라 생각하면 된다. 여기서 CLIP 텍스트 임베딩을 쓰는 건 위에 언급했듯이 각각의 텍스트 정보가 이미지와 이미지의 거리까지 감안하기 때문에 프롬프트 텍스트가 이미지를 생성하는 이미지 인포메이션 크리에이터 속에 U-net으로 전달될 수 있기 때문이다.

2) 이미지 인포메이션 크리에이터(Unet + 스케줄러)

CLIP Text Encoder에서 생성된 임베딩 정보는 U-net으로 전달되면 해당 임베딩을 기반으로 조건화되어 반복적으로 N번의 디노이즈 denoise 과정을 거친다. 이 과정이 위 언급한 Denoising Diffusion 모델의 랜덤 노이즈에서 이미지를 생성하는 원리가 적용되는 부분이다. 이 부분은 CLIP 텍스트 임베딩을 기반으로 조건화되기 때문에, 우리가 원하는 내용을 입력해 이미지를 출력할 수 있는 것이다. 이 조건화 과정은 attention 등의 복잡한 기술을 사용해 이루어진다.

3) 이미지 디코더(VAE)

1번과 2번 과정을 전부 거치고 나면 64 x 64 저해상도의 잠재 벡터값이 생성되게 된다. 이 값은 마지막으로 이미지 디코더VAE: Variational Auto Encoder 로 전달된다. 여기서 VAE는 아래 그림을 보고 이해할 수 있는데 인코더 encoder는 어떤 값을 수학적 원리를 통해 그 값의 특징을 추출하고 학습해 잠재 벡터 Z를 생성하고 decoder는 임의의 값 Z가 주어지면 그 값을 바탕으로 원래 데이터로 복원하는 역할을 한다.

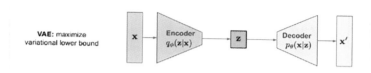

스테이블 디퓨전의 이미지 인포메이션 크리에이터 U-net에서 학습되고 생성된 잠재 벡터값은 이미지 원본 픽셀값이 아니라 위 구조에 나와 있듯이 이미지 인코더VAE에 의해 인코딩된 잠재 벡터화된 값이기 때문에 64 x 64 같은 저해상도의 값으로 생성되는 것이고 이 값을 다시 VAE를 통해 디코딩해서 고해상도 이미지로 만들어 준다.

Text-to-Image 이미지 생성AI의 작동원리를 알아보았다. 이런 모든 기능이 생성AI 속에 녹아들어 있는 것이고 사람은 뒷장에서 다룰 프롬프트 엔지니어링 작업 이후 텍스트, 이미지, 비디오로 결과물을 가지게 되는 것이다.

다음 그림은 최근 등장한 초거대언어모델 진화 트리Evolutionary Tree이다. 일반적으로 기술의 흐름을 표현할 때 시간에 따른 진화 트리가 가장 직관적이다. 이 진화 트리를 보면 어떤 회사가 해당 초거대언어모델을 만들었는지, 또 오픈소스인지 아닌지가 묘사되어 있는데 흥미롭게도 메타가 개발한 초거대언어모델은 모두 오픈소스로 오픈AI의 챗GPT 이후 모델들은 아직 다 비오픈소스, 즉 유료인 것을 감안해 본다면 앞으로 초거대언어모델의 경쟁구도가 어떻게 될지 유추해 볼 수 있을 것이다.

2장. 생성AI 모델의 작동 원리

【초거대언어모델 진화 트리】

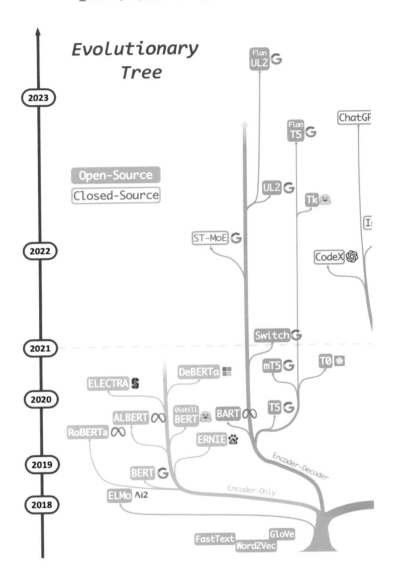

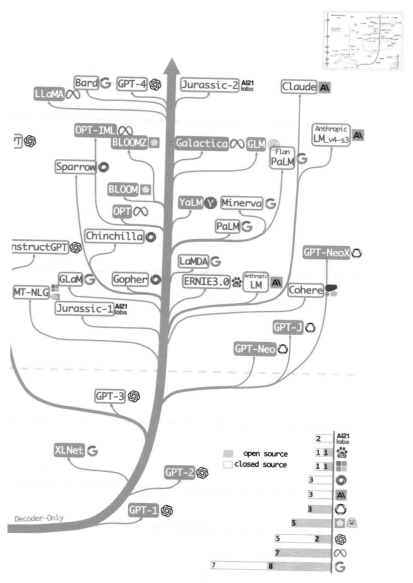

"Harnessing the Power of LLMs in Practice: A Survey on ChatGPT and Beyond."
(survey paper)

2장. 생성AI 모델의 작동 원리

3장
텍스트 프롬프트 엔지니어
(feat. 챗GPT 프롬프트)

......

생성형AI인 챗GPT, DALL-E 2, 미드저니Midjourney 등에서 좋은 프롬프트를 사용하는 능력을 길러 구체적이고 명확한 목적을 제시하면 원하는 결과물을 더 효율적으로 생성할 수 있다. 프롬프트 엔지니어링 능력은 명확한 목적 설정을 위해 사용자의 요구 사항과 목표를 정확하게 하는 능력이기도 하다. 이미지 프롬프트나 동영상 프롬프트의 단계로 들어가기 전에 텍스트 프롬프트 엔지니어링 능력을 먼저 이해해 보자. 앞으로 수많은 산업영역에서 이 능력은 업무 수행 만족도를 높이고 자신이 속한 산업군이 어떤 곳일지라도 자신의 포지션을 한 단계 높여 줄 것이다. 아니, 어쩌면 어떤 영역이든 전문성을 유지할 수 있는 생존 수단이 될 것이다.

챗GPT 시작하기

챗GPT 가입방법

1. 챗GPT 홈페이지https://chat.openai.com/chat에 접속한다.
2. 화면의 'Sign up' 버튼을 클릭한다.

3. 메일 주소와 비밀번호를 입력하고, 'Continue' 버튼을 클릭한다. Google이나 MS 계정으로 연동해 회원가입을 할 수도 있다.

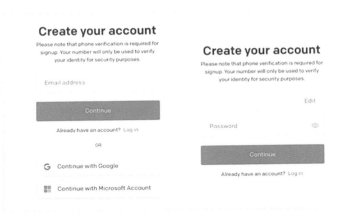

4. 이메일로 전송된 인증 링크를 클릭해 계정을 활성화한다.

5. 챗GPT 홈페이지에 다시 접속해 로그인한다.

6. 로그인 후, 왼쪽 상단의 'New Chat' 버튼을 클릭해 채팅을 시작한다. 초기에 나온 화면은 아래와 같다.

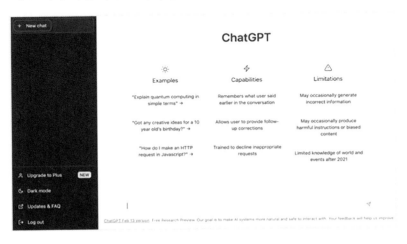

챗GPT 유료 가입방법

1. 챗GPT 공식 홈페이지 왼쪽 하단에 'Upgrade to Plus'를 클릭.

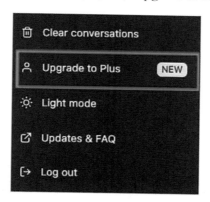

2. 무료플랜과 유료플랜의 차이는 아래 그림에 나와 있다. 가격은 20 달러로 책정되어 있다.

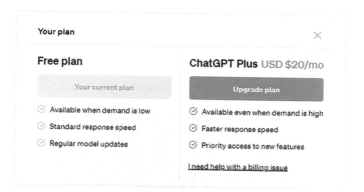

3. 유료플랜의 주요 특징으로는 수요가 많을 때도 사용 가능하며 반응속도가 훨씬 빠르고 새로운 정보에 대한 우선 접근이 가능하며, GPT-4의 사용이 가능하다는 것이다.

4. 유료 결제를 위해서는 카드 정보를 아래와 같이 입력해야 한다.

5. 가입이 완료되면 아래와 같은 축하 화면이 나오며 유료 사용의 장점을 활용할 수 있다.

6. 유료가입자만 사용이 가능한 GPT-4에 대한 소개가 나온다.

7. GPT-4의 강화된 능력은 향상된 논리 처리, 복잡한 지시를 이해하고 처리하는 능력 및 기존 GPT3.5 버전 대비 훨씬 창의적이고 명료한 답변을 제공한다는 것이다.

챗GPT 모델의 선택 및 비교

오픈AI에서 유료가입자들에게는 챗GPT legacy 3.5, default 3.5, 그리고 4.0으로 크게 세 가지의 버전으로 서비스를 제공하고 있다. 각 버전의 차이는 아래와 같다. GPT-4는 유료가입자만 사용이 가능하다.

Legacy (GPT-3.5)
The previous ChatGPT Plus model

Reasoning
Speed
Conciseness

Default (GPT-3.5)
Optimized for speed, currently available to Plus users

Reasoning
Speed
Conciseness

GPT-4
Our most advanced model, available to Plus subscribers.

GPT-4 excels at tasks that require advanced reasoning, complex instruction understanding, and more creativity.

Reasoning
Speed
Conciseness

1. Legacy GPT-3.5

챗GPT 플러스 초기의 모델로 터보 모드와 비슷하지만 속도가 느리며 더 긴 응답을 생성한다.

2. Default GPT-3.5

터보 모드로 추론 능력은 Legacy 버전과 비슷하지만 속도가 빠르며 Legacy보다 간결한 응답을 생성한다는 차이점이 있다. 논리적 사고가 크게 필요하지 않은 질문에 즉시 대답하는 데 적합하다.

3. GPT-4.0

가장 진보된 최근 모델로 플러스 유료 회원들만 사용할 수 있다. 추론 능력이 제일 높으면서 복잡한 지시에 대한 이해력도 높고, 창의력도 크지만, 속도가 느리다는 단점이 있다.

아래는 GPT-4의 실행화면인데, 2023년 4월 현재 메시지 캡이 있는 것을 알 수 있다. 즉, 세 시간에 25개의 메시지로 제한되고 있고, 이런 제한 때문에 프롬프트 메시지를 작성할 때 조금은 유의해서 입력해야 한다.

GPT-4에게 이전 버전과는 다른 차이점이 무엇인지 물어본 결과가 아래에 나와 있다.

질문 GPT-4는 이전 버전과는 다르게 어떤 차이점이 있는지 알려 줘.
챗GPT: GPT-4는 이전 버전인 GPT-3에 비해 여러 가지 차이점이 있습니다.
주요 차이점은 다음과 같습니다:
1. 모델 크기: GPT-4는 모델 크기가 GPT-3보다 훨씬 큽니다. 이에 따라 더 많은 매개변수를 가지고 있어, 더 복잡한 패턴을 인식하고 더 정교한 출력을 생성할 수 있습니다.

2. 학습 데이터: GPT-4는 더 최신의 데이터로 훈련되었습니다. 따라서 더 최신의 정보와 트렌드를 이해할 수 있으며, 이전 버전보다 더욱 실용적인 정보를 제공할 수 있습니다.

3. 개선된 알고리즘: GPT-4는 이전 버전보다 개선된 알고리즘을 사용합니다. 그 결과 더 효율적인 학습이 가능하며, 일반화 성능이 향상되었습니다.

4. 응용 분야 확장: GPT-4의 높은 성능과 다양한 적용 분야로 인해, 이전 버전보다 더 많은 분야에서 사용됩니다. 예를 들어 기계 번역, 질의응답, 요약, 이미지 생성 등 다양한 분야에서 활용되고 있습니다.

5. 맥락 이해력: GPT-4는 이전 버전보다 더 긴 텍스트 맥락을 이해할 수 있어 더욱 복잡한 질문에 적절한 답변을 제공할 수 있습니다.

6. 사용자와의 상호작용: GPT-4는 사용자와의 상호작용을 통해 보다 정확한 정보를 제공하고, 사용자의 의도를 더 잘 이해할 수 있습니다. 이는 챗봇과 같은 분야에서 특히 유용합니다.

이러한 차이점들로 GPT-4는 이전 버전에 비해 더욱 정확하고 다양한 작업에서 사용할 수 있는 인공지능 모델이 되었다.

확장 프로그램의 활용

챗GPT를 유용하게 사용할 수 있는 구글 확장 프로그램의 이용 방법을 간단하게 알아보자. 특히 챗GPT가 영어를 기반으로 개발되어 있는 만큼 한국어에 대한 기능이 약하거나 또는 느린 경우들이 많다. 확장 프로그램 설치로 한국어를 이용해 편리하게 사용하고 검색 속도를 높일 수 있다. 구글 크롬 브라우저에서 쉽게 확장 프로그램을 검색하고 설치할 수 있으며, 필요 없으면 지울 수도 있다.

여기서는 구글 확장 프로그램 중에서도 챗GPT를 사용하는 데 필요하고 검증된 확장 프로그램만 소개하겠다. 특별히 한국어를 지원하는 확장 프로그램도 많아지고 있다.

확장프로그램	내용	장점	단점
프롬프트지니: 챗GPT 자동번역기	챗GPT의 프롬프트를 작성할 때 영어로 번역해 주고 답변은 한글로 번역	한글로 할 경우보다 응답속도가 2~3배 빠름	영어 사용자가 많아서 답변 품질의 일관성 없음
AIPRM for chatGPT	챗GPT에 프롬프트를 작성할 때 이용하면 유익함	SEO(search engine optimization)글이나 스크립트 등을 쉽고 빠르게 작성	AIPRM 계정이 필요. 즉 오픈AI와 계정 연결 필요 및 유료 서비스
WebChatGPT	인터넷 검색이 가능한 챗GPT로 2021년 이후의 자료도 검색함	최신 자료의 검색과 출처까지 제공	보기에 좀 어지러운 면이 있음
ChatGPT for Google	구글에 검색하면 검색결과와 챗GPT의 답변이 같이 출력됨	검색 후에 내용을 확인할 필요가 없음. 챗GPT에 물어 볼 내용도 구글 창에 바로 입력 가능함	구글 검색과 챗GPT를 한 화면에 사용하는 것이 혼란스러울 수 있음
Youtube summary with ChatGPT	유튜브 동영상의 스크립트와 요약본을 보여줌	유튜브 내용을 요약해서 핵심만 보여 주므로 동영상을 보지 않아도 내용을 알 수 있음	단점보다는 필요할 때만 사용하는 것이 좋음
ShareGPT	챗GPT 대화 내용의 공유 링크 제공	단순하지만 영구히 보존되는 링크를 공유할 수 있음	기본적으로 비공개이며 조회수가 100회 넘어가면 색인 됨

챗GPT 활용을 위한 다양한 업무에 대해서 사례들과 함께 제시해 보 겠다. 개발자나 콘텐츠 창작자들이 챗GPT에 대한 활용도를 높이고 미디어 콘텐츠 창작과 자연언어 처리 및 프로그래밍 등 다양한 분야에서 어떤 식으로 활용될 수 있는지 사례를 중심으로 보자.

1. 대화형 언어 처리

글쓰기: 쓰고 싶은 내용을 가벼운 마음으로 입력한다. 이런 글쓰기가 가장 쉽게 시작하는 형태의 프롬프트일 것이다. 상상력이 많아질수록 입력의 어휘나 묘사가 풍성해진다.

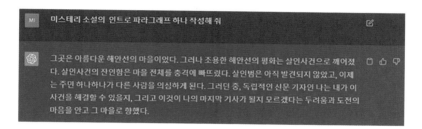

요약: 글을 읽고 싶지만 시간이나 환경의 제약으로 요약이 필요할 때 가 많다. 이런 경우 아래와 같이 요약해 달라는 요청 하나만으로 긴 논문이나 보고서 등을 원하는 대로 요약이 가능하다.

3장. 텍스트 프롬프트 엔지니어

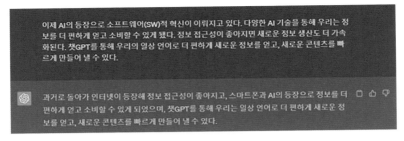

일반 상식에 대한 질의 응답: 가장 많이 하는 프롬프트가 이런 상식적 내용에 대한 질문과 응답의 처리이고 짧고 간결한 답변을 원하는 경우가 많다. 질문을 구체적이고 명확하게 하는 것이 핵심이다.

패러프레이징Paraphrasing 또는 의역: 패러프레이징이란 뜻이 바뀌지 않는 선에서 앞에서 쓴 말을 다른 단어 등을 사용해 표현하는 것을 말한다. 보통 영어로 글을 쓸 때 매우 중요하고, 비영어권 출신 저자들이 글을 쓸 때 가장 큰 어려움을 겪는 부분이다. 출력되어 나온 글을 보고 마음에 들지 않는 경우는 계속 반복할 수 있다.

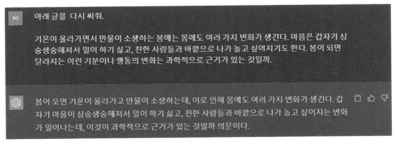

감성분석퓨샷Few-Shot 또는 제로샷Zero-Shot 러닝 활용: 우리가 데이터를 일일이

라벨링하지 않고도 머신러닝 모델을 학습시킬 수 있도록 하는 기법을 이용해 프롬프트를 작성하는 방법이다. 이 방법은 실제로 여러 분야에서 유용하게 쓸 수 있으며, 실제로 데이터가 부족한 산업 현장에서 많이 사용할 수 있다.

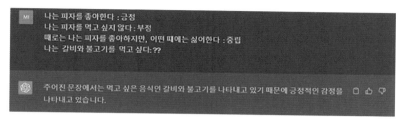

텍스트를 표로 제작하기: 발표, 장표 같은 것을 만들 경우에 텍스트만 적어 주면 테이블로 정리하는 기능을 활용할 수 있다. 저작 툴이나 다양한 블로그를 만들 경우에 이런 기능은 매우 효과적이다.

기업	시세 기호	창업 년도
Apple	AAPL	1976
Google	GOOGL	1998
Amazon	AMZN	1994
Meta	META	2004
Microsoft	MSFT	1975

번역: 언어의 번역을 프롬프트로 쉽게 할 수 있다.

2. 구조화된 출력 형식 만들기

리스트 만들기: 가장 쉬운 방법으로 원하는 답을 리스트 형식으로도 만들어 준다.

3장. 텍스트 프롬프트 엔지니어

제목 부제목 등의 작성: 글을 작성하기 전에 제목이나 부제목을 만들게 되는 경우가 많다. 아래와 같이 프롬프트를 작성하면 만들어 준다. 이렇게 작성된 내용으로 다시 더 세부적인 내용을 작성하는 것이 매우 생산적인 방법이다.

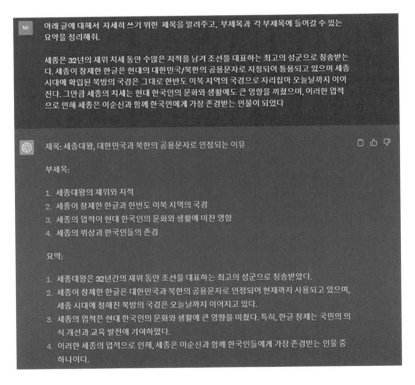

3. 비구조화된 출력 형식의 문서 만들기

설명문 작성: 많은 설명문에 본인이 주인공이 되어 1인칭 시점으로 여러 사람에게 알려 주는 형식으로 만들어진다. 다양한 형식과 시점을 지정해 글을 보는 대상에게 맞는 글을 작성할 수 있다.

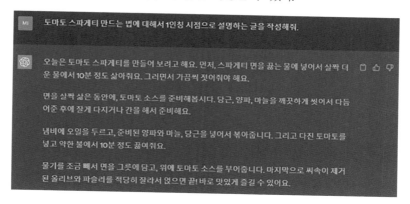

공식문서 만들기: 공문 등의 스타일로 문서를 작성할 수 있다. 층간소음 문제에 대해서 아래 두 가지 형식으로 시도하고자 하며, 하나는 공식적인 문서형식이며, 두 번째는 부드러운 양해와 부탁의 형식으로 만들어 볼 수 있다.

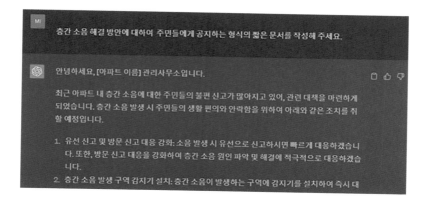

응하도록 하겠습니다.
3. 주민 상호간 예의와 적극적인 협조: 상호간 예의를 갖추고, 적극적인 협조를 통해 층간 소음 문제를 해결하도록 하겠습니다.

불편을 드려 대단히 죄송합니다. 주민 여러분들의 협조와 양해 부탁드립니다. 감사합니다.

MI 층간 소음 해결 방안에 대하여 주민들에게 부드러운 형식의 양해를 구하는 형식의 짧은 문서를 작성해 주세요.

안녕하세요, 아파트 관리사무소입니다.

최근 층간 소음으로 인한 불편사항이 발생하고 있어 매우 유감스럽게 생각합니다. 이번에는 전문가들과 함께 소음 해결을 위한 조치를 취하였으나, 완전한 해결에는 시간이 조금 더 걸릴 수 있다는 점 양해 부탁드립니다.

저희는 모든 주민들의 안락한 생활을 위해 최선을 다하고 있으며, 앞으로도 더 나은 삶을 위한 노력을 계속하겠습니다. 다시 한번 이번 사항에 대해서 양해 부탁드립니다.

감사합니다.

페르소나의 활용: 챗GPT로 페르소나를 설정할 수도 있는데, 예를 들어 '과학자' 혹은 '사진작가' 등 사람의 직업을 가진 페르소나로 설정할 수도 있고, '비밀번호 생성기'처럼 사람이 아닌 객체로 페르소나를 설정해 대화를 주고받을 수도 있다. 이 외에도 프롬프트를 개인화해서 생성하면 내가 원하는 또 다른 AI처럼 응답을 만들게 할 수 있다.

MI 너는 이제부터 우주 과학자이자 천체 물리학자이다. 현재 우주의 신비한 현상 중 가장 설명하지 못하는 것들에 대해서 쉽게 설명해줘.

안타깝게도, 현재 우주의 많은 현상들 중에는 아직 설명하지 못하는 것들이 많이 있습니다. 그러나 그중에서도 가장 유명한 것 중 하나는 "어두운 에너지"와 "어두운 물질"입니다. 어두운 에너지는 우주의 가속팽창을 가속화시키는 에너지이며, 어두운 물질은 빛도 반사하지 않고 인간이 직접 관측할 수 없는 물질입니다. 이러한 현상들은 아직 우주와 관련한 많은 질문들을 던지고 있으며, 과학자들은 이러한 현상들을 더 잘 이해하고 설명하기 위해 매년 많은 연구를 수행하고 있습니다.

재미있는 텍스트 생성: 원하는 대로 만들 수 있다. 아래와 같이 문장

맨 앞에 원하는 글자를 넣거나 맨 뒤에는 이모티콘도 넣을 수 있다. 재미있고 깜찍한 문장을 생성할 때 활용이 가능하다.

4. 미디어 타입에 맞는 문서 만들기

소셜미디어용: 소셜미디어에 글을 작성하기 전에 쉽고 편하게 글을 만들어 준다. 관심 있는 사항이 구체적일수록 좋다

블로그 작성: 이미 이 분야는 게시글을 자동으로 작성하는 팁들도 많이 나와 있다. 새로운 정보를 업데이트하고 검색 상단에 있도록 하려면 매일 새로운 콘텐츠가 필요한데, 이런 경우 자동 블로그 생성 기능 등을 활용하면 매우 효과적인 블로그 관리를 할 수 있다. 앞으로 이런 블로그는 생성형AI가 주도하는 시장으로 변화할 것이다.

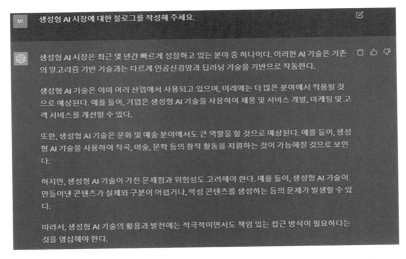

생성형 AI 시장에 대한 블로그를 작성해 주세요.

생성형 AI 시장은 최근 몇 년간 빠르게 성장하고 있는 분야 중 하나이다. 이러한 AI 기술은 기존의 알고리즘 기반 기술과는 다르게 인공신경망과 딥러닝 기술을 기반으로 작동한다.

생성형 AI 기술은 이미 여러 산업에서 사용되고 있으며, 미래에는 더 많은 분야에서 적용될 것으로 예상된다. 예를 들어, 기업은 생성형 AI 기술을 사용하여 제품 및 서비스 개발, 마케팅 및 고객 서비스를 개선할 수 있다.

또한, 생성형 AI 기술은 문화 및 예술 분야에서도 큰 역할을 할 것으로 예상된다. 예를 들어, 생성형 AI 기술을 사용하여 작곡, 미술, 문학 등의 창작 활동을 지원하는 것이 가능해질 것으로 보인다.

하지만, 생성형 AI 기술이 가진 문제점과 위험성도 고려해야 한다. 예를 들어, 생성형 AI 기술이 만들어낸 콘텐츠가 실제와 구분이 어렵거나, 악성 콘텐츠를 생성하는 등의 문제가 발생할 수 있다.

따라서, 생성형 AI 기술의 활용과 발전에는 적극적이면서도 책임 있는 접근 방식이 필요하다는 것을 명심해야 한다.

이메일 작성: 이메일 작성을 요청할 때, 송신자나 수신자 정보를 넣을 수 있다. 키워드 하나만 가지고도 메일 내용을 풍성하게 꾸밀 수 있는 장점이 있지만, 보내기 전에는 반드시 메일 내용을 확인하는 작업이 필수이다.

기업 대표님들에게 보내는 우리 회사의 신제품 "챗에듀" 발표회의 초대 메일을 작성해줘.

제목: [초대장] 우리 회사 신제품 "챗에듀" 발표회

안녕하세요, [기업 대표님 성함]님!

우리 회사에서 새롭게 선보이는 AI 챗봇 기반 교육 솔루션 "챗에듀"의 발표회가 [날짜] [시간]에 개최됩니다.

"챗에듀"는 인공지능 기술과 교육 전문가들의 협력으로 탄생한 차세대 교육 솔루션으로, 기존의 교육 방식과 차별화된 학습 경험을 제공합니다. 학생들은 이제 "챗에듀"를 통해 학습 진행 상황을 확인하고, 즉각적인 피드백과 함께 문제를 해결할 수 있습니다.

이번 발표회에서는 "챗에듀"의 특징과 기능, 그리고 적용 사례 등을 소개할 예정입니다. 많은 참여 부탁드립니다.

참석 여부를 알려주시면 감사하겠습니다.

감사합니다.

[회사 이름] 드림

시와 가사의 작성: 작성자의 느낌과 감정을 충분히 입력에 반영하면서 디테일한 정보들이 프롬프트에 입력될수록 메시지 전달력과 호소력이 좋은 출력이 나오게 된다. 특별히 개인 프로파일을 넣을 때는 개인정보에 주의해야 한다.

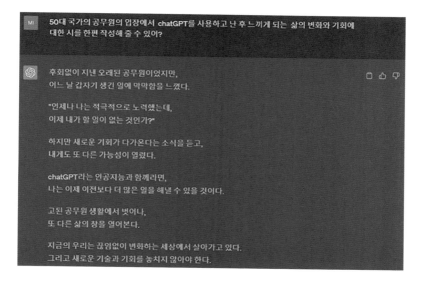

이력서의 작성: 이직자들이 이력서 작성에 어려움을 겪는 경우가 있다. 보통 소프트웨어 엔지니어들은 이력서를 쓰는 데 익숙하지 않다. 이런 경우 챗GPT를 활용해 좀 더 쉽고 편하게 작성할 수 있다. 직능에 관련된 분야를 더욱 세밀하게 적을수록 이력서의 내용은 더욱 정교해 진다. 아래 사례를 참고하자.

3장. 텍스트 프롬프트 엔지니어

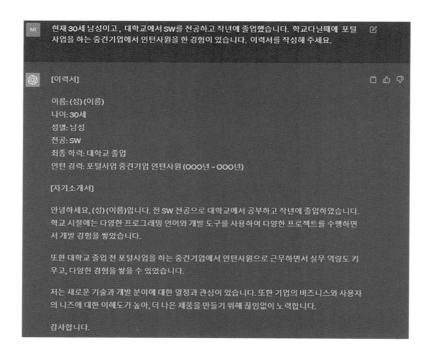

안녕하세요, (성) (이름)입니다. 전 SW 전공으로 대학교에서 공부하고 작년에 졸업하였습니다. 학교 시절에는 다양한 프로그래밍 언어와 개발 도구를 사용하여 다양한 프로젝트를 수행하면서 개발 경험을 쌓았습니다.

또한 대학교 졸업 전 포털사업을 하는 중견기업에서 인턴사원으로 근무하면서 실무 역량도 키우고, 다양한 경험을 쌓을 수 있었습니다.

저는 새로운 기술과 개발 분야에 대한 열정과 관심이 있습니다. 또한 기업의 비즈니스와 사용자의 니즈에 대한 이해도가 높아, 더 나은 제품을 만들기 위해 끊임없이 노력합니다.

감사합니다.

챗GPT 플러그인(Plug-in)이란?

챗GPT에 새롭게 등장한 기능은 바로 '챗GPT 플러그인'이다. 플러그인은 안전을 핵심 원칙으로 하는 언어모델을 위해 설계된 도구라고 할 수 있다. 이렇게 말해서는 잘 이해가 안 되지만, 기존에 플러그인이라는 툴들을 많이 사용해 왔는데, 이제 챗GPT와 다양한 브라우저나 어플리케이션 등 타사 서비스와 연동이 가능해졌다는 것이다. 통상적으로 플러그인은 호스트 응용 프로그램과 서로 응답하는 컴퓨터 프로그램이며, 특정한 '주문식' 기능을 제공한다. 응용 프로그램이 플러그인을 제공하는 이유는 많다. 이를테면, 서드 파티Third party 개발자들이 응용 프로그램을 확장하는 기능을 만들게 하거나, 뜻밖의 기능을 지원하거나, 응용 프로그램의 크기를 줄이거나, 호환되지 않는 소프트웨어 라이선스 문제로 인해 소스 코드를 응용 프로그램에서 분리하는 것을 들 수 있다.

챗GPT의 플러그인이 엄청난 일이라고 하는 이유는 챗GPT의 근본적인 한계점 때문이다. 그것은 바로 2021년 9월까지의 데이터만 가지고 사전학습 되어, 최근 트렌드나 최신 정보와 데이터를 반영하지 못하는 답을 내기 때문이다. 이러한 과거 데이터만의 학습은 생성하는 답변의 오류나 환각 등을 일으키는 주요 원인이 된다.

만약 챗GPT에 플러그인과 브라우저를 연결하게 된다면, 최신 데이터로 생성되는 답변을 얻을 수 있기 때문에 현재보다 훨씬 정교하고 정확한 답변을 받을 수 있게 된다.

챗GPT가 정말 대단한 도구인 것은 맞지만 근본적인 한계점이 있었다. 그것은 바로 2021년 데이터까지만 반영되었다는 것이다. 이 때문에 최근 트렌드나 최신 데이터에 대해서는 답을 얻을 수 없었다. 하지만 챗GPT 플러그인과 브라우저를 연결하게 되면 최신 데이터 업그레이드가 이루어질 수 있다. 지금 당장 궁금한 것은 무엇이든지 챗GPT에게 물어보면 하나하나 답을 해 준다는 것이다. 현재 챗GPT 플러그인에 반영될 서비스는 다양하다. 호텔 예약부터 업무용 툴을 연동하는 등 아마도 미래에는 더 많은 플러그인들이 챗GPT 서비스에 제공될 예정이다.

챗GPT 플러그인에 반영될 서비스

서비스명	내용
익스피디아	호텔 및 항공권 예약
피스컬노트	글로벌 정책과 법안 정보
인스타카트	식료품 배송
카약	호텔 및 항공권 예약
클라나 쇼핑	쇼핑
마일로 패밀리 AI	가족돌봄
오픈테이블	식당 예약
스픽	언어 교육
샵	쇼핑
울프럼	수학 검색 엔진
재피어	업무툴 연동

챗GPT 플러그인에 반영될 서비스 (중앙일보)

아쉽게도 2023년 4월 현재 챗GPT의 플러그인은 대기자 명단을 받은 상태이며 바로 사용할 수 없다. 초기에는 소수에게만 배포하고 점차로 상용화하는 전략으로 갈 예정이며, 이를 통해서 서비스 생태계를 구축하는 목표를 가지고 있다.

플러그인 형태의 기능 중 하나가 '브라우저 플러그인'이다. 과거의 작업Web GPT, GopherCite, BlenderBot2, LaMDA2으로 언어 모델이 인터넷에서 정보를 읽을 수 있도록 하는 것, 트레이닝 코퍼스를 넘어, 최신정보까지 다룰 수 있는 양이 급격히 확장되고 있다. 브라우저 플러그인을 구체적으로 살펴보면, 챗GPT는 자체로 웹 브라우저를 열지는 않지만 뒤에서는 마이크로소프트 빙물론 자체 챗봇을 두고 있다과 협력해 웹 세상을 탐색한다.

예를 들어 챗GPT에게 최근 오스카상 수상자를 물어보면, 정보를 알아내기 위해 특정 사이트를 탐색하고 있다고 답한다. 무려 특정 정보의 출처를 클릭하기도 한다. 앞에서 말했듯 이전까지 챗GPT는 2021년까지 업로드된 정보에 기반한 답만 내놓았다.

챗GPT와 브라우징(알파)의 융합 (오픈AI)

확실한 것은 챗GPT는 많은 지식과 정보를 내재화하고 있다는 것이다. 플러그인이 더해지면 챗GPT는 지금까지 접근할 수 없었던 지식과 정보의 보고에 접근할 수 있다. 최신 비행 시간과 항공권 가격의 검색, 올프램 알파Wolfram Alpha를 통한 정교한 수학적 모델링 등 플러그인의 활용 예시는 많다. 현재 오픈AI는 익스피디아, 파이낸셜노트, 인스타카트, 카약, 클라나, 마일로, 오픈테이블, 쇼피파이, 슬랙, 스피크, 울프램, 재피어용 플러그인을 배포했고, 차후 개발 목록도 있다고 밝혔다.

3장. 텍스트 프롬프트 엔지니어

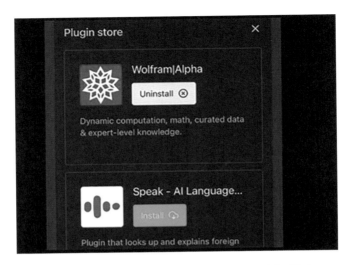

웹스토어를 통해 챗GPT에 탑재되는 플러그인 모습 사례(오픈AI)

챗GPT API 사용 요금

GPT API 사용에는 비용이 청구되는 카드를 입력해야 활성화가 된다. 이용료는 사용한 만큼 청구되며 GPT 플러스라는 20달러짜리 정기구독 서비스와는 다르게 요금이 책정된다. GPT API 이용료와 GPT 플러스 구독은 다르다. GPT API 이용료는 오픈AI API를 통해 GPT 모델을 사용하는 데 발생하는 비용을 의미하며, 이는 사용한 만큼 비용이 청구된다. GPT API는 초당 호출 수, API 요청 수, 사용한 자원 등에 따라 다양한 가격대가 있다. 따라서 GPT API 이용료는 사용한 만큼 지불해야 하며, 사용하지 않은 자원에 대해서는 비용이 청구되지 않는다. 반면, GPT 월정액 구독은 오픈AI GPT 모델을 사용할 수 있는 라이선스를 구입하는 것을 의미한다. 이 구독을 통해 사용이 가능한 GPT 모델 버전과 사용이 가능한 호출 수 등이 정해지며, 정기로 구독 비용이 청구된다. GPT 월 정액 구독은 API 호출 횟수에 따른 추가 비용이 청구되지 않는다.

정기구독 서비스는 챗GPT 채팅창의 업그레이드 투 플러스Upgrade to Plus 버튼을 입력했을 때 뜨는 서비스이다.

GPT API 키에 의한 요금책정은 오픈AI 플랫폼 사이트에서 결제된다.

여기서 API키를 발급받고 사용할 해외결제 카드를 등록하면 API키가 활성화된다.

사용요금은 크게 걱정하지 않아도 된다. 시험 삼아 작동해보면 하루에 1달러를 넘지 않는 것을 알 수 있다.

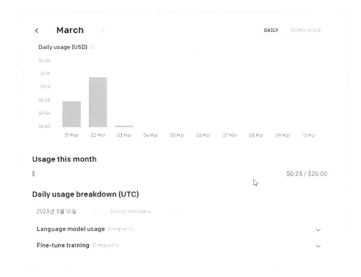

다만 본인의 API가 공개되어 무분별하게 다수가 사용하면 사용요금이 엄청 나올 수 있으니 주의가 필요하다. 대신 '설정'에서 한 달 최대 사용량 한계usage limits를 정해 놓고 위험을 방지하는 것이 좋다.

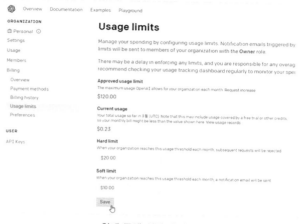

한계 금액 설정 페이지

GPT-4가 제시한 프롬프트 엔지니어링

프롬프트 엔지니어링에 대해 챗GPT가 제시하는 방법은 어떤 것일까. 이런 기법을 알아내는 것 자체가 프롬프트 엔지니어링이다. 다음은 프롬프트 작성자가 원하는 풍성하면서도 정교한 답을 얻기 위해 프롬프트 엔지니어링을 하고 그 결과를 요약한 것이다.

사용한 프롬프트

너는 이제부터 챗GPT와 DALL-E 2, Midjourney 등과 같은 생성형AI의 세계 최고 프로페셔널 프롬프트 엔지니어이다. 아래와 같은 양식으로 생성형AI 들의 프롬프트 엔지니어링 기법을 배우고자 하는 초보 프롬프트 엔지니어를 위해서 가이드를 제시하려고 한다. 적용분야는 마케팅, 디자인, 글쓰기, 프로그래밍 등이며, 적용 직업은 프롬프트 엔지니어, 데이터 과학자, AI연구원 등 다

3장. 텍스트 프롬프트 엔지니어

양하다. 가장 핵심적인 프롬프트 엔지니어링 기법들에 대해서 중요도를 정하고 중요도 순서대로 프롬프트 엔지니어링 기법을 아래 형식에 맞춰 작성해 줘.

순번: 프롬프트 엔지니어링 기법 이름

중요도: 별 5개를 최고점으로 하고 중요도를 별의 개수로 표시

설명: 기법에 대한 특징과 상세 설명

목적: 이 기법을 반드시 사용하려는 목적과 사용의 이유

좋은 프롬프트: 제시한 기법을 적극 적용해 활용한 프롬프트

나쁜 프롬프트: 제시한 기법을 전혀 고려하지 않은 프롬프트

비교: 좋은 프롬프트와 나쁜 프롬프트를 비교해 왜 차이점이 발생하는지 기술하라.

1. 명확한 목적 설정

중요도: ★★★★★

설명: 프롬프트 엔지니어링의 핵심은 정확한 목적을 설정하는 것이다. 이를 통해 생성형AI가 원하는 결과물을 생성할 수 있다.

목적: 사용자의 의도를 이해하고 목적에 부합하는 결과물을 생성하기.

좋은 프롬프트: "첨단적인 미래형 자동차 디자인을 그려 주세요."

나쁜 프롬프트: "자동차 디자인 그려 주세요."

비교: 구체적이고 명확한 목적을 제시해야 생성형AI가 원하는 결과물을 생성할 수 있다. 목적이 불분명하면 생성형AI가 이해하기 어렵고 사용자의 의도에 맞는 결과물을 생성하기 어렵다.

2. 구체적인 요청

중요도: ★★★★★

설명: 프롬프트가 구체적인 요청을 포함하면 생성형AI는 더 정확한 결과물을 생성할 수 있다.

목적: 사용자의 의도에 부합하는 결과물을 정확하게 생성하기.

좋은 프롬프트: "환경단체에서 쓸 수자원 보호를 주제로 한 전국민 홍보용 500자 이내의 편지를 작성해 주세요."

나쁜 프롬프트: "환경보호 주제 글을 써 주세요."

비교: 구체적인 요청을 포함해야 생성형AI가 정확한 결과물을 생성할 수 있다. 요청이 불분명하면 생성형AI가 원하는 결과물을 생성하기 어렵다.

3. 반복적인 요소 제거

중요도: ★★★★☆

설명: 프롬프트에 반복적인 요소가 있으면 생성형 AI가 중복된 내용을 생성할 수 있다. 이를 방지하기 위해 프롬프트를 간결하게 만드는 것이 중요하다.

목적: 효과적인 결과물 생성과 시간 및 리소스 절약

좋은 프롬프트: "고양이에 관한 세 가지 재미있는 사실을 알려 주세요."

나쁜 프롬프트: "고양이에 관한 재미있는 사실을 알려 주세요. 그리고 또 다른 고양이에 관한 재미있는 사실도 알려 주세요. 그리고 더 다른 고양이에 관한 재미있는 사실도 알려 주세요."

비교: 간결하고 명확하게 요청해야 생성형AI가 원하는 결과물을 생성할

수 있다. 반복 요소가 있으면 중복된 내용을 생성할 가능성이 크다.

4. 시간적 문맥 고려

중요도: ★★★★☆

설명: 프롬프트에서 시간적 문맥을 고려하면 생성AI가 시간에 따른 적절한 결과물을 생성할 수 있다.

목적: 시간에 따른 적절한 결과물 생성과 사용자 만족도 향상.

좋은 프롬프트: "2023년 기준으로 인기 있는 스마트폰 기능 다섯 가지를 나열해 주세요."

나쁜 프롬프트: "인기 있는 스마트폰 기능 다섯 가지를 나열해 주세요."

비교: 시간적 문맥을 고려해 적절한 시기의 정보를 생성하도록 요청해야 한다. 시간적 문맥을 고려하지 않으면 낡은 정보나 미래의 정보를 생성할 가능성이 있다.

5. 결과물 필터링

중요도: ★★★☆☆

설명: 생성된 결과물 중 적합하지 않은 내용을 필터링해 품질을 향상하는 기법이다.

목적: 결과물의 품질 향상과 사용자 만족도 증가

좋은 프롬프트: "과학 기술에 대한 긍정적인 영향을 설명한 300자 이내의 에세이를 작성해 주세요."

나쁜 프롬프트: "과학 기술에 대한 에세이를 작성해 주세요."

비교: 명확한 요청과 함께 적절한 필터링 기준을 제시해야 한다. 필터링 기준이 없으면 불필요한 내용이 포함될 수 있다.

6. 사용자 피드백 반영

중요도: ★★★☆☆

설명: 사용자에게서 받은 피드백을 분석하고 프롬프트 엔지니어링에 반영해 결과물의 품질을 개선하는 기법이다.

목적: 결과물의 품질 개선과 사용자 만족도 증가

좋은 프롬프트: "사용자 피드백에 따라 수정된 500자 이내의 블로그 글을 작성해 주세요."

나쁜 프롬프트: "블로그 글을 수정해 주세요."

비교: 사용자 피드백을 반영하면 결과물의 품질을 개선하고 사용자 만족도를 높일 수 있다. 피드백을 고려하지 않으면 결과물의 품질이 낮을 수 있다.

7. 생성된 결과물 다양성 확보

중요도: ★★★☆☆

설명: 다양한 결과물을 생성해 사용자의 선택지를 넓혀 주는 기법이다.

목적: 사용자의 만족도와 창의성 증가

좋은 프롬프트: "이 제품과 관련해 색상 조합을 다양하게 사용한 로고 디자인 세 가지를 생성해 주세요."

나쁜 프롬프트: "이 제품의 로고 디자인을 생성해 주세요."

비교: 다양한 결과물을 요청하면 사용자의 선택지를 넓혀 줄 수 있다. 다

양성을 고려하지 않으면 제한된 결과물만 생성할 수 있다.

8. 생성된 결과물의 순서 조절

중요도: ★★☆☆☆

설명: 생성된 결과물의 순서를 조절해 가독성을 높이고 사용자의 이해를 돕는 기법이다.

목적: 가독성 향상과 사용자 이해 돕기

좋은 프롬프트: "자동차의 역사를 시대별로 정리해 주세요."

나쁜 프롬프트: "자동차의 역사를 말해 주세요."

비교: 순서를 고려해 가독성을 높이면 사용자의 이해를 더 잘 도울 수 있다. 순서를 고려하지 않으면 정보 전달이 비효율적일 수 있다.

9. 명확한 의도 전달

중요도: ★★☆☆☆

설명: 프롬프트를 통해 생성형AI에게 명확한 목적과 의도를 전달해 원하는 결과물을 얻는 기법이다.

목적: 목적과 의도에 부합하는 결과물 생성

좋은 프롬프트: "환경 보호를 강조하는 회사의 브랜드 슬로건을 제안해 주세요."

나쁜 프롬프트: "회사의 브랜드 슬로건을 제안해 주세요."

비교: 명확한 목적과 의도를 전달해야 한다. 목적과 의도가 모호하면 적절하지 않은 결과물을 생성할 가능성이 크다.

10. 외부 데이터 활용

중요도: ★★☆☆☆

설명: 외부 데이터를 활용하여 생성형AI의 지식 범위를 확장하고 다양한 결과물을 생성하는 기법이다.

목적: 지식 범위 확장과 결과물 다양성 증가

좋은 프롬프트: "최근 5년간 가장 인기 있는 스니커즈 브랜드 5개를 조사하고, 그 특징을 설명해 주세요."

나쁜 프롬프트: "인기 있는 스니커즈 브랜드를 설명해 주세요."

비교: 외부 데이터를 활용해 생성형AI의 지식 범위를 확장하고 다양한 결과물을 생성할 수 있다. 외부 데이터를 활용하지 않으면 정보가 구식이거나 일반적일 수 있다.

11. 부분적 제약조건 사용

중요도: ★★☆☆☆

설명: 생성형AI가 결과물을 생성할 때 특정 부분에 제약조건을 주어 원하는 방향으로 유도하는 기법이다.

목적: 원하는 특성이 포함된 결과물 생성.

좋은 프롬프트: "미래의 도시를 상상하되, 친환경 기술이 통합된 모습을 그려 주세요."

나쁜 프롬프트: "미래의 도시를 상상해 주세요."

비교: 부분적 제약조건을 사용해야 생성형AI가 원하는 특성을 반영한 결과물을 생성하도록 유도할 수 있다. 제약조건이 없으면 원하는 특성이 반

영되지 않은 결과물이 생성될 수 있다.

12. 사용자 경험 최적화

중요도: ★★☆☆☆

설명: 생성형AI의 결과물이 사용자의 경험에 긍정적인 영향을 주도록 프롬프트를 설계하는 기법이다.

목적: 사용자 만족도 향상.

좋은 프롬프트: "고객의 문제를 해결하는 친절한 서비스 상담원의 대화 내용을 생성해 주세요."

나쁜 프롬프트: "서비스 상담원의 대화 내용을 생성해 주세요."

비교: 사용자 경험을 고려해야 긍정적인 영향을 주는 결과물을 생성할 수 있다. 사용자 경험을 고려하지 않으면 부정적인 영향을 주게 된다.

13. 이해 가능한 언어 사용

중요도: ★★★☆☆

설명: 생성형AI가 이해하기 쉬운 언어와 구조를 사용해 프롬프트를 작성하는 기법이다.

목적: 생성형AI의 이해력 향상.

좋은 프롬프트: "아이들에게 적합한 재미있는 동화를 작성해 주세요."

나쁜 프롬프트: "아이들이 좋아할 만한 흥미진진한 이야기를 만들어 봐."

비교: 생성형AI가 쉽게 이해할 수 있는 언어와 구조를 사용해야 정확한 결과물을 생성할 수 있다. 비공식적인 언어와 모호한 표현을 사용하면 생

성형AI가 정확한 결과물을 생성하는 데 어려움을 겪게 된다.

14. 상황에 맞는 톤 조절

중요도: ★★★☆☆

설명: 프롬프트를 작성할 때 상황에 맞는 톤을 사용해 생성형AI의 결과물이 자연스러운 느낌을 주는 기법이다.

목적: 자연스러운 결과물 생성

좋은 프롬프트: "친절하고 정중한 톤으로 고객에게 사과문을 작성해 주세요."

나쁜 프롬프트: "고객에게 사과문을 작성해 주세요."

상황에 맞는 톤을 지정하면 생성형AI가 자연스러운 느낌의 결과물을 생성할 수 있다. 톤에 대한 지시가 없으면 결과물이 상황과 맞지 않게 된다.

15. 제한 사항 명시

중요도: ★★★★☆

설명: 생성형AI에게 작업을 수행하며 고려해야 할 제한 사항을 명시해, 결과물이 특정 기준을 충족하도록 하는 기법.

목적: 기준을 충족하는 결과물 생성.

좋은 프롬프트: "지구에 친환경적이면서도 300달러 이하의 가격대에 맞는 가전제품 아이디어를 생성해 주세요."

나쁜 프롬프트: "지구에 친환경적인 가전제품 아이디어를 생성해 주세요."

비교: 제한 사항을 명시하면 생성형AI가 기준을 충족하는 결과물을 생성할 수 있다. 제한 사항이 없으면 생성된 결과물이 특정 기준을 만족하지

못하게 된다.

16. 예상 답변 포함

중요도: ★★☆☆☆

설명: 프롬프트에 예상되는 답변을 포함해 생성형AI의 이해력을 높이고 원하는 방향으로 결과물을 유도하는 기법.

목적: 원하는 방향으로 결과물 생성.

좋은 프롬프트: "다음과 같이 시작하는 이야기를 완성해 주세요: '어느 날, 숲속에서 동물 친구들이 모여 파티를 열었다.'"

나쁜 프롬프트: "숲속에서 동물 친구들이 모여 파티를 열었다는 이야기를 완성해 주세요."

비교: 예상되는 답변을 포함하면 생성형AI가 원하는 방향으로 결과물을 생성할 수 있다. 예상 답변이 포함되지 않으면 생성형AI가 원하는 방향과 다른 결과물을 생성할 수도 있다.

17. 생성 결과의 이해도 확인

중요도: ★★★★☆

설명: 생성된 결과물이 원래 의도에 맞게 생성되었는지 확인하고, 필요한 경우 프롬프트를 수정하는 기법.

목적: 의도에 맞는 결과물 생성.

좋은 프롬프트: 생성된 결과물을 검토한 후 "이전 결과를 바탕으로 좀 더 명확한 지시를 포함해 글을 작성해 주세요."

나쁜 프롬프트: "글을 수정해 주세요."

비교: 생성된 결과물의 이해도를 확인하고 필요한 경우 프롬프트를 수정해 의도에 맞는 결과물을 생성하도록 해야 한다. 이해도 확인이 없으면 원래 의도와 다른 결과물이 생성될 가능성이 크다.

18. 반복적인 실험 및 개선

중요도: ★★★★★

설명: 생성형AI와의 상호작용을 통해 프롬프트를 지속해서 개선하고 최적화하는 기법.

목적: 최적의 결과물 생성.

비교: 반복적인 실험 및 개선으로 프롬프트의 품질을 높일 수 있다. 이 과정에서 생성형AI가 제공하는 결과물을 지속해서 확인하고, 프롬프트를 수정해 원하는 결과에 가까워질 수 있다.

프롬프트 엔지니어링은 다양한 기법들을 활용해 생성형AI의 성능을 극대화하는 과정이다. 앞서 소개한 기법들을 숙지하고 적용해 생성형AI와의 상호작용을 통해 높은 품질의 결과물을 만들어 내는 능력을 향상시키자. 이로써 다양한 분야에서 생성형AI의 활용도를 높일 수 있으며, 비즈니스 및 기술적 성과를 창출할 수 있다. 여러가지 생성AI 활용능력은 이제 모든 영역을 압도할 만큼 중요한 능력이 되고 있다. 최소한 텍스트 프롬프트 엔지니어링 능력만큼은 누구나 전문가가 되어야 하며 전혀 어렵지 않은 일이라고 생각한다.

4장

이미지 프롬프트 엔지니어
(feat. Text-to-Image 모델들의 혁명)

앞 장에서 텍스트를 결과물로 이끄는 생성AI 프롬프트 사용법을 알아보았다면, 본 장에서는 이미지를 결과물로 만들어 내는 방법을 알아보겠다. 프롬프트 엔지니어링에 능숙해진다면, 정말 상상도 못한 창의적인 결과물을 직접 만들어 낼 수 있다는 사실에 놀랄 것이다. 달리2, 미드저니, 스테이블 디퓨전, 이 세 가지의 프롬프트 엔지니어링 능력을 갖춘다면 여러 산업 영역에서 선도적인 포지션을 지킬 수 있으리라 확신한다.

달리2 사용법

그림을 그려 주는 AI 인공지능 달리2DALL-E 2는 오픈AI에서 개발한 대규모 이미지 생성 모델이며 그 시초라 할 수 있는 달리의 진화형이다. 달리2를 사용하면, 사용자가 지정한 문장 또는 문구에 따라 이미지를 생성할 수 있다.

달리2 가입방법

1. 오픈AI-달리2 홈페이지https://openai.com/product/dall-e-2에 접속한다.
2. 화면의 'Try DALLE' 버튼을 클릭한다.

3. 메일 주소와 비밀번호를 입력하고, 'Continue' 버튼을 클릭한다. 구글이나 MS 계정으로 연동해 회원가입을 할 수도 있다.

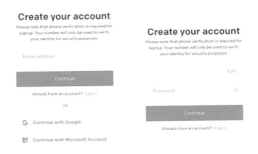

4. 이메일로 전송된 인증 링크를 클릭해 계정을 활성화한다.

5. 오픈AI-달리2 홈페이지에 다시 접속해 로그인한다.

6. 로그인 후 왼쪽 상단의 'New Chat' 버튼을 클릭해 채팅을 시작한다. 초기에 나온 화면은 다음과 같다.

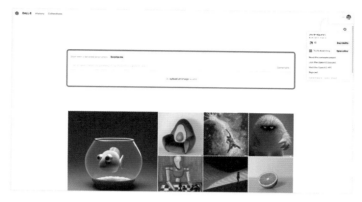

파란색 박스를 클릭하면 본인의 계정 정보 및 처음 무료로 제공하는 50크레딧 잔여량다 써도 매달 15크레딧을 충전해 준다과 'Try Outpainting'이라는 아웃페인팅 버튼이 존재한다. 아웃페인팅은 추후 다루겠다.

빨간색 박스에 "red fish in small aquarium, digital art"라고 영어로 글을 넣어 보자.

예시와 같이 4개의 이미지가 생성되는 걸 볼 수 있다. 빨간색 박스에는 본 계정으로 지금까지 Text-to-image 방식으로 생성 이미지가 저장되어 있으니 저장을 안 했어도 걱정하지 말자.

4장. 이미지 프롬프트 엔지니어

달리2 유료 결제방법

1. 만약 크레딧을 다 썼다면 위 파란색 박스를 통해 'Buy credit' 버튼을 클릭한다. 그러면 다음과 같은 화면이 뜨며, 언제 또 무료 크레딧이 들어오는지 볼 수 있으니 유료 결제를 하기 전에 확인을 하자.

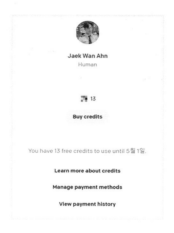

2. 가격은 115크레딧에 15달러, 2023년 4월 환율 기준으로 2만 원 정도가 된다. 챗GPT와 달리 구독이 아닌 크레딧 시스템이기 때문에 한 달에 무조건 다 쓸 필요는 없다.

3. 유료 결제를 하려면 카드 정보를 아래와 같이 입력해야 한다. 챗 GPT와 같은 UI를 공유한다.

DALL-E2를 이용한 Outpainting

위 파란색 박스를 보면 'Try Outpainting [Open editor]' 라는 버튼이 있다. 클릭해 보자.

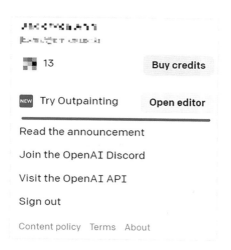

'아웃페인팅'이란 특정 이미지의 바깥 영역을 AI가 이미지 안쪽 부분을 감안해 생성해 내는 방법이다. 아래 두 이미지를 보면 이해하기 쉽다. 오른쪽이 원본 이미지이고 왼쪽이 원본 스타일을 감안해 위·아래·왼쪽·오른쪽을 생성한 이미지이다.

Jojo Eco (https://www.theverge.com/)

아래 이미지는 아마 다 알고 있을 파라마운트 메인 로고 사진을 인풋으로 아웃페인팅한 이미지이다. 재미있는 결과물이 많으니 관심이 있다면 구글에 'DALLE2 outpainting'이라고 검색해 보자.

Best Dalle2 AI Art (https://www.theverge.com/)

아웃페인팅 버튼을 누르면 아래와 같은 큰 캔버스가 나온다. 여기서 중요한 버튼은 아래 빨간 박스로 표시해 놓았다.

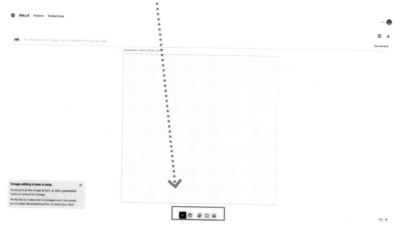

1. 맨 오른쪽 버튼을 통해 이미지를 불러온다.

2. 아래 이미지와 같이 뒤에서 두 번째 버튼을 통해 프레임을 만들어 원하는 자리에 배치한다.

3. 위 텍스트박스에 생성하고 빈 프레임에 확장하고 싶은 이미지 내용을 작성한다.

4장. 이미지 프롬프트 엔지니어

4. 필자가 샌프란시스코에서 찍은 사진을 업로드했기때문에 "San Francisco city"라고 적어 보았다.

> **Edit** An Impressionist oil painting of sunflowers in a purple vase...

5. 결과물은 아래와 같이 이미지의 바깥쪽을 생성하는 것을 볼 수 있으며 아래 빨간색 박스에서 화살표를 클릭해 봄으로써 네 가지 종류의 달리가 추론해 생성한 이미지 중 하나를 고를 수 있다. 원하는 이미지가 있다면 Accept 버튼을 누르면 완료!

6. 본 필자가 만든 최종 결과물은 다음과 같다.

물론 생성AI는 완벽하지 않다. 대표적인 예시로 최종 결과물 왼쪽 위 간판을 보면 CAP2 GEARY라는 이상한 언어 간판이 형성된다. 달리2 아웃페인팅 기법은 아직 단어가 들어간 이미지까지 완벽하게 생성되지 않으며 이 분야는 지금도 연구가 되고 있다.

위 예시에서 프롬프트가 들어갔다는 사실을 독자들은 눈치챘는가?

첫 번째 빨간 물고기 Text-to-image 생성 예시에서도 뒤에 'Digital art'라는 문구가 들어갔으며, 두 번째 아웃페인팅 예시에서도 'San Francisco city'라는 문구가 들어갔다. 만약 이 문구를 다르게 바꾸면 어떻게 될까?

· DALL-E 2 프롬프트를 "red fish in an small aquarium, ~~digital art~~ japanese anime style"로 바꿔 보자.

· 아웃페인팅 프롬프트를 "~~San Francisco city~~ South Korea city, Korean walking around"로 바꿔 보자.

아래와 같이 재미있는 결과물을 확인할 수 있다.

첫 번째 이미지들은 물론 만화 스타일로 바뀌었으며, 두 번째 아웃페인팅 이미지는 샌프란시스코엔 없는 정말 한국에나 있을 법한 건물들이 생기는 걸 확인할 수 있다.

4장. 이미지 프롬프트 엔지니어

미드저니를 통해 이미지 생성 개선하기

미드저니 가입 방법

1. 미드저니 홈페이지https://www.midjourney.com/home/에 접속한다.

2. 화면의 'Join the Beta' 버튼을 클릭한다.

3. 미드저니는 아래와 같이 디스코드로 이미지 생성 툴을 쓸 수 있는

데, 디스코드 계정이 있으면 밑에 '이미 계정이 있으신가요?' 링크를 클릭, 아니라면 아래 사용자명 입력 후 이메일 계정 등록을 하고 바로 이용할 수 있다.

4. 모든 가입 절차가 다 끝나면 미드저니-디스코드 페이지가 나오는데 처음 가입한 사람^{newbie}이라면 아래 사진과 같이 newbie-xxx 룸이 보일 것이다. 아무 데나 들어가 보자.

5. 아래와 같은 이미지가 나오고 아래 텍스트박스에 "/image"라는 명령어를 쓰면 프롬프트를 쓸 수 있다.

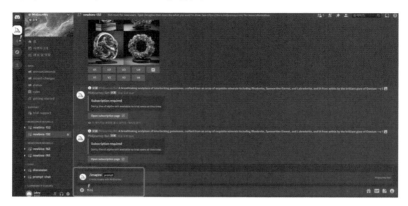

6. 프롬프트 창에 "A Beautiful Korean Business Woman"이라는 프롬프트를 넣어보자. 다음과 같은 결과를 얻을 수 있다.

빨간색 박스를 보면 U1~4, V1~4라는 버튼이 있는데 U는 Upscale의

약자로 위 적힌 이미지 순서에 따라 원하는 이미지를 고화질화할 수 있는 기능이며, V는 Variation의 약자로 위 적힌 이미지 순서에 따라 원하는 이미지를 스타일은 유지하면서 다양하게 뽑아지는 기능이다.

미드저니 유료 결제방법

본 책을 읽으면서 순서대로 따라 했는데 아래와 같은 메시지가 나오며 생성이 되지 않을 때가 있다. 미드저니는 최근 들어 유료화에 접어들어 사용량이 많을 때는 생성이 되지 않을 때가 있다. 또한 맨 처음 계정을 생성했을 때 25번의 생성 기회가 무료로 주어진다. 추가로 달리2와 다르게, 생성한 이미지는 본 디스코드 채널에 전체 공개된다.Pro 결제 플랜을 하면 스텔스 모드라고 보이지 않게 할 수 있다.

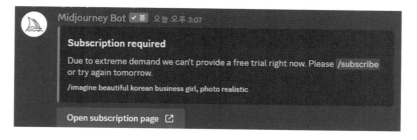

결제 방법은 아래 텍스트 박스에 "/subscribe" 명령어를 치면 아래와 같이 개인 구독 페이지 링크가 생성되며 클릭하게 되면 가격 정책 페이지로 이동된다. 가격은 베이직 8달러/월, 스탠다드 24달러/월, 프로 48달러/월이며, 베이직은 한 달 최대 200번까지 생성이 가능하기에 한 번 미드저니에 빠져 생성을 계속하다 보면 베이직 한도에 금방 도달할 수도 있으니 참고 바란다.

Midjourney Bot ✓봇 오늘 오후 3:10
Open the page below to pick your plan and subscribe!

This is your personal link, do not share it with anyone!

Open subscription page ↗

👁 이 메시지는 본인만 볼 수 있어요 · 메시지 닫기

Purchase a subscription
Choose the plan that works for you.

Yearly Billing   Monthly Billing

Basic Plan
$8 / month
Billed yearly
Subscribe

Standard Plan
$24 / month
Billed yearly
Subscribe

Pro Plan
$48 / month
Billed yearly
Subscribe

미드저니 유용한 명령어

아래 그림처럼 미드저니-디스코드 텍스트 창 옆 빨간색 박스 안에 [+]를 클릭하고 '앱 사용' 버튼을 클릭하면 아래와 같이 미드저니-디스코드가 제공하는 모든 명령어들을 볼 수 있다.

/blend 예시

명령어	설명
/prefer_auto_dm	/imagine을 통해 생성도니 이미지를 개인 메시지로 보내 준다.
/describe	이미지를 업로드하면 이미지에 대한 프롬프트 네 가지를 제공한다.
/blend	두 이미지를 업로드해 합성한다.

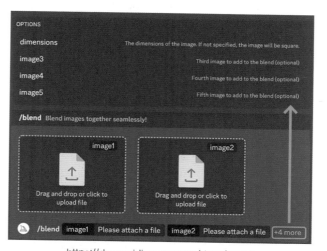

https://docs.midjourney.com/docs/blend

4장. 이미지 프롬프트 엔지니어

Jim Clyde Monge (Published in Generative AI)

/Describe 예시

스테이블 디퓨전(Stable diffusion, 이후부터 SD로 칭함.) 사용하기

SD는 Stability.AI라는 회사의 모든 코드와 기능을 오픈소스 코드로 내놓았다. SD는 달리2·미드저니처럼 웹사이트를 통해 접근이 가능하지만, 구글 코랩Google Colab을 이용하면 완전히 무료로 사용할 수 있다. SD가 무료로 풀린 이후 SD 디스코드 한 유저인 Automatic1111이란 아이디의 유저가 코랩용 WebUI를 만들었다고 Reddit에 쓰여 있다.*

SD 사용방법

1. Automatic1111이 만든 Github** 페이지에 접속한다. 코딩을 한 번도 안 해본 독자라면 좀 겁이 날 수 있는데, 사실 본 책에서는 코딩을 전혀 하지 않을 것이기 때문에 걱정을 안 해도 된다.

2. 들어가면 다음과 같은 긴 문서가 나온다. 스크롤을 쭉 내려보면 'Installing and Running' 섹션에 빨간색 박스의 'List of Online Services' 링크가 존재한다.

3. 클릭하면 다음과 같은 페이지가 나오는데 그중 다 써도 되지만 맨 위에 있는 'TheLastBen' 코랩*** 링크를 클릭한다.

---

*Who is Automatic1111? : StableDiffusion (reddit.com)

**깃허브(GitHub)는 분산 버전 컨트롤 소프트웨어 깃(Git)을 기반으로 소스 코드를 호스팅하고, 협업 기능들을 지원하는 마이크로소프트의 웹서비스이다.

***구글 코랩은 클라우드 기반 파이썬의 주피터 노트북과 같은 개발환경 editor로 GPU를 무료로 제공한다.

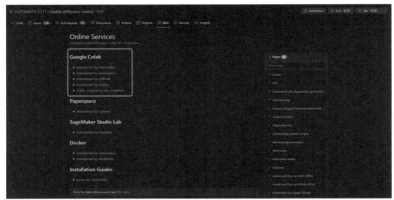

SD 구글 코랩 종류

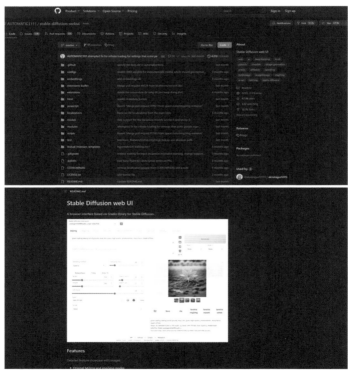

SD AUTOMATIC1111 깃허브 페이지

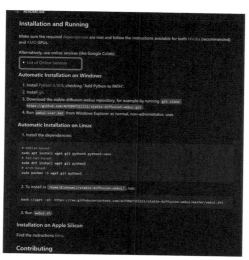

SD AUTOMATIC1111 깃허브 페이지

4. 코랩 링크로 들어갔다면 아래와 같은 페이지가 뜰 것이고 빨간색 박스로 된 링크를 통해 본인 구글 계정의 드라이브로 복사한다. 그 후 아래 보이는 파란색 박스대로 순차적으로 클릭을 진행한다.

5. 진행하는 과정에서 아래와 같은 오류가 나오는데 '무시하고 계속하기', 'Google Drive에 연결'을 클릭하면 된다.

6. 아래 그림과 같이 초록색으로 'DONE' 표시가 나면 오류 없이 진행이 잘된 것이다.

7. 아래 섹션 'Start Stable-Diffusion'에서 파란색 박스의 'Use_Cloudflare_Tunnel'을 클릭한다면 서버 트래픽이 몰리더라도 개인 로컬 컴퓨터에서 돌아갈 수 있도록 하는 기능이니 클릭해 주는 게 좋다. 마지막으로 빨간색 박스처럼 링크가 나왔다면 클릭해 주자.

8. 지금까지의 과정이 성공적으로 진행되었다면 아래와 같은 화면이 나온다. 여기까지 했다면 95% 왔다고 보면 된다. 아래 빨간색 박스에 전처럼 생성하고 싶은 이미지 텍스트를 넣어 보자. 그리고 파란색 박스를 각각 2, 2로 세팅을 하자.

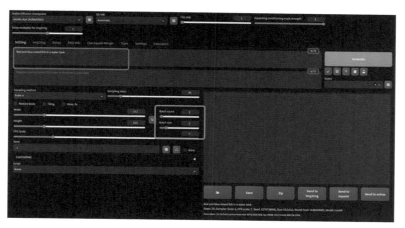

9. 필자는 아래 텍스트에 'Red and blue mixed fish in a water tank' 라는 텍스트를 넣었는데 아래와 같은 결과물을 얻을 수 있었다.

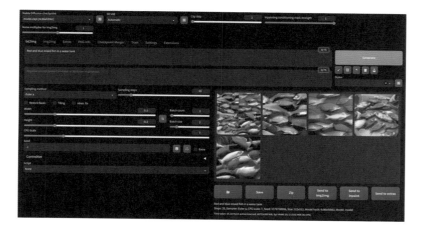

SD는 달리2·미드저니보다 시각적으로 복잡하고 자유도가 높다. 세팅 값을 여러 가지로 변경해 보면서 같은 프롬프트라고 하더라도 더 좋게 혹은 더 기괴하게 나올 수 있지만, 서비스를 만들 때 유용하다. 만약 독자가 학생이거나 학생들을 가르치는 선생님이라서 간단한 예시를 만들고 싶다면 달리2를, 마케터나 디자이너여서 퀄리티 높은 이미지를 생성하고 싶다면 미드저니를, 생성AI 서비스를 만들거나 여러 가지 실험을 하고 싶다면 SD를 쓰면 된다.

SD 추가적인 기능

ControlNet

최근 자유도 높은 SD와 공헌에 의해 많은 생성AI 커뮤니티 연구자들이 SD와 다른 기능들을 붙여서 고도화를 많이 한다. 대표적으로는 SD+Controlnet이라는 기능이 2023년 초 나왔는데, 결과물은 아래와 같다.

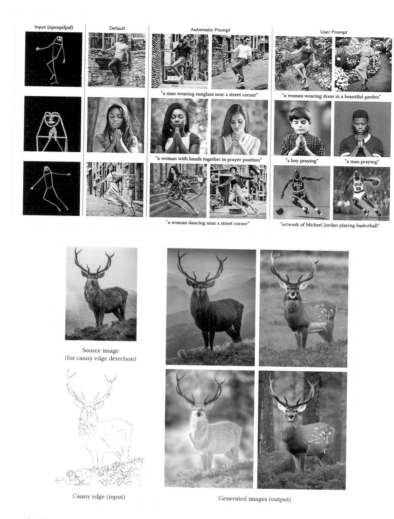

이제는 Text-to-image에 포즈를 넣으면 아래처럼 포즈대로 이미지를 생성할 수 있다.

필자 또한 같은 기술을 통해 아래와 같은 K-POP스타일 아바타를 만들어 보기도 했다. SD의 추가 기능은 본 책에서 쉽게 직관적인 글로 다

4장. 이미지 프롬프트 엔지니어

루기는 어렵기 때문에 생략한다.

Text-to-Image 모델 Extension 서비스

AIPRM은 3장에도 언급했었지만, 챗GPT에서 프롬프트를 작성할 때 인간이 작성한 프롬프트를 컴퓨터의 언어로 바꿔 주는 확장 프로그램이다.

AIPRM 사용방법

1. AIPRM은 크롬 웹스토어 사이트에서 다운로드할 수 있으며 인터넷 익스플로러·엣지에서는 사용할 수 없다. 각주* 링크로 접속하면 아래와 같은 페이지가 뜨는데 빨간색 박스의 다운로드를 클릭한다. 팝업에 확장 프로그램 추가를 클릭하면 끝.

---

*https://chrome.google.com/webstore/detail/aiprm-for-chatgpt/ojnbohmppadfgpejeebfn-mnknjdlckgj?hl=ko

2. 최근 업데이트가 되면서 오픈AI 계정과 AIPRM 계정을 연동해야 한다. 확장 프로그램 설치가 완료되면 아래와 같이 AIPRM for ChatGPT 사이트에서 아래와 같이 챗GPT와 연동할 수 있다.

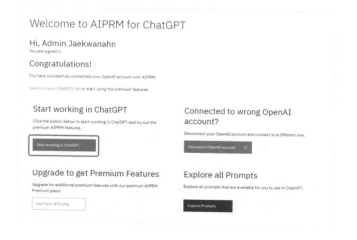

3. 연동 후, 다시 챗GPT로 들어가면 아래와 같은 팝업이 뜨고 'continue'를 누르면 끝!

4. 챗GPT에 다시 들어가면 아래와 같은 화면이 나온다. 아래 사진을 참조하면 Topic에서 Generative AI를 선택하고, Activity에서 달리2, 미드저니, SD 중 어느 것을 쓸지 선택한다.

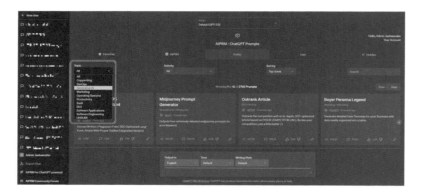

5. SD를 선택했다고 하면 다음과 같은 여러 가지 SD용 프롬프트 생성기가 나온다. 빨간색 박스 중 Stable Diffusion: Prompt Generator를 선택하고 파란색 박스 안에 챗GPT에 쓰는 것처럼 원하는 프롬프트를 써 보면 된다.

6. 예를 들어 "Korean Business Woman in a blue suit"라고 작성을 하면 아래와 같이 정말 긴 프롬프트가 생성된다. 아래에서 Negative Prompt란 절대 저렇게 나와서는 안 된다는 내용을 넣는다고 생각하면 쉽다.

4장. 이미지 프롬프트 엔지니어

7. 본 프롬프트를 사용해 만든 결과물은 다음과 같다. SD 결과물은 특정 학습 파일체크포인트라고 한다, ckpt) 및 샘플링 방법, CFG 스케일링 등 다양한 변수에 따라 다르므로 아래 결과물에서 실험을 통해 이미지 퀄리티를 올리는 게 프롬프트 엔지니어의 일이다.

미드저니 프롬프트 헬퍼 눈샷

눈샷Noonshot은 미드저니의 프롬프트를 좀 더 쉽게 만들고 복사 붙여 넣기를 하기 위해 만들어진 툴이다.

다음 Noonshot 공식 홈페이지https://prompt.noonshot.com/에 들어가면 아래와 같은 페이지가 나온다. 프롬프트 창에 "Korean Business Woman in a blue suit"를 넣으면 그 아래 미드저니-디스코드에 바로 붙여 넣을 수 있는 프롬프트가 형성된다.

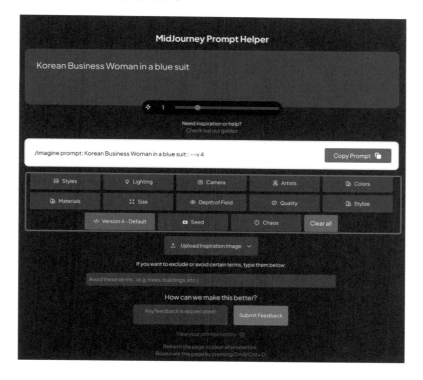

이미지 안의 빨간색 박스에서 스타일·라이팅 같은 메뉴를 클릭해 보면 다음과 같은 스타일을 선택할 수 있는 UI가 등장한다.

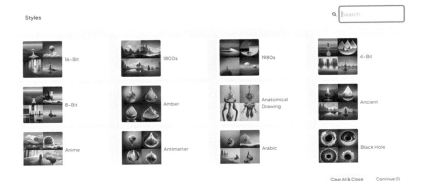

필자는 검색바에 "Photo"라고 검색을 하고 아래와 같이 photorealistic 스타일을 선택한다.

얻은 결과물은 아래와 같다. 네 번째 이미지가 가장 사진과 같으므로 V4를 선택해 추가 생성해 본다.

결과물은 다음과 같다.

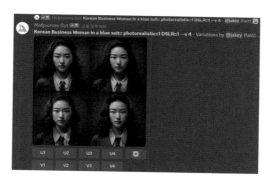

이번엔 같은 사진을 애니메이션으로 바꾸면 어떨까? 결과물은 다음과 같다.

이 같이 외부 기능들을 사용해서 좀 더 내가 원하는 이미지를 생성해 내 볼 수 있다.

5장
비디오 프롬프트 엔지니어
(feat. 이미지 다음은 동영상으로)

앞 장에서 이미지를 결과물로 이끄는 생성AI 프롬프트 사용법을 알아보았다면, 본 장에서는 동영상을 결과물로 만들어 내는 방법을 알아보겠다. 이미 많은 매체들이 생성AI로 광고도 만들고 영화도 만들 수 있다는 뉴스를 쏟아 내고 있고, 하루하루 다르게 기술은 발전하고 있다. 시나리오만 있으면 세트, 모델, 카메라, 조명 등 촬영 현장의 자원이 없이도 홍보영상 정도는 거뜬히 만드는 단계에 이미 와 있다. 프롬프트 엔지니어링을 좀 더 연구한다면 더욱 세련되고 매혹적인 영상물을 만들어 낼 수 있을 것이다. 이 장에서는 AI 비디오 생성을 위해 알아야 할 것들을 정리해 본다.

쉽게 해 볼 수 있는 AI 비디오 생성

스테이블 디퓨전 모델이 오픈소스로 풀리자 모델을 공개하지 않았던 테크 대기업들인 구글*, 메타전 페이스북**는 기술격차를 유지하기 위해 2022년 12월에 바로 Text-to-Video, 비디오 생성AI 모델들을 공개했다.아래 이미지 참조. 책으로는 동영상을 재생시켜 보여 줄 수 없기에 관심 있는 독자라면 아래 각주 링크를 참고하길 바란다.

*Imagen Video (research.google)
**https://make-a-video.github.io.

Meta & Google의 Text-To-Video

　논문에 대한 소스코드는 공개가 되지 않았으며, 쉽게 유저가 시도할 수 있는 페이지도 현재까지는 존재하지 않는다. 하지만 가장 중요하다고 보여지는 두 가지 서비스를 소개한다. 첫 번째는 기본 영상을 특정 이미지 컨셉으로 바꿔 주는 AI서비스인 GEN1이다. 두 번째는 짧지만 쉽게 텍스트에서 비디오로 바꿔 볼 수 있는 데모페이지 ModelScope를 소개한다. 추가적으로 Meta의 Make-A-Video 논문 방식을 소개한다.

GEN1, ModelScope 사용법

GEN1

GEN1은 비디오 생성AI 기술에서 선두를 달리고 있는 Runway라는 회사의 서비스이다. Runway를 간단히 소개하자면, 앞 장에서 소개한 Stable Diffusion[SD]의 초기 모델을 Stability.AI와 공동으로 개발한 리서치 회사이며, Stability.AI는 개발에 필요한 GPU 컴퓨팅 리소스 제공을 Runway 팀이 주도해서 개발하게 했다. SD가 엄청난 혁신의 폭풍을 가져온 2022년 이후 현재 Runway와 Stability.AI는 소유권 갈등을 빚고 있다. 현재는 더 이상 협력 관계가 아니며 최근에 공개된 SD 버전 2.0에는 Runway가 참여하지 않았다고 한다. 그럼에도 불구하고 Runway는 현재 600억 달러 이상 투자받아 열심히 개발하고 있다고 한다.

GEN1 가입방법

1. Runway 홈페이지https://openai.com/product/dall-e-2에 접속한다.

2. 아래 화면에서 Sign-Up 버튼을 클릭하고 이전과 마찬가지로 구글 아이디 혹은 이메일로 가입하고 이미 아이디가 있는 독자는 LOG IN 버

5장. 비디오 프롬프트 엔지니어

튼으로 로그인하면 아래와 같은 메인 페이지로 이동한다.

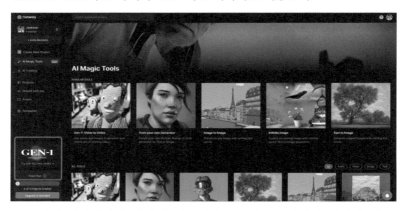

3. 메인 페이지에서 빨간색 박스의 'GEN-1'을 클릭하면 아래와 같은 GEN-1 페이지로 이동한다. 드래그앤드랍으로 빨간색 박스 안에 영상 파일을 넣는다. 필자는 아래에 있는 예시 영상으로 본 예시를 진행한다.

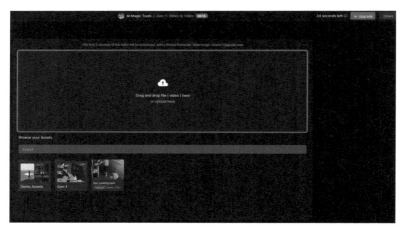

4. 영상이 업로드되면 아래와 같이 빨간색 박스 안에 원하는 스타일의 이미지를 업로드할 수 있다. 필자는 일본 만화 스타일 이미지를 넣고 이미지 생성을 진행해 보았다.

5. 비디오 결과물은 아래와 같다.

5장. 비디오 프롬프트 엔지니어

책에서는 이미지만 제공할 수밖에 없으니 관심 있는 독자들은 런웨이 홈페이지에서 진행해 보기를 바란다.

ModelScope

ModelScope은 중국 알리바바 DAMO 비전AI 연구실*에서 출시한 오픈소스 Text-To-Video 데모페이지이며, 웹에서도 간단히 테스트해 볼 수 있다. 또한 스테이블 디퓨전에서도 익스텐션 형태로 사용이 가능하다.

ModelScope 사용방법

1. ModelScope의 허깅페이스 데모 페이지https://huggingface.co/spaces/damo-vilab/modelscope-text-to-video-synthesis에 접속한다. 로그인을 요구하진 않으니 쉽게 사용해 볼 수 있다.

2. 접속하면 아래와 같이 페이지가 나온다. 전과 같이 빨간색 박스 안 텍스트 박스에 원하는 영상을 텍스트로 입력한다. 우선 "Asian girl playing in a playground" 라는 프롬프트로 영상을 생성해 보았다. 무료 GPU 인스턴스를 사용하다 보니, 영상을 생성하는 데 시간이 좀 걸리는 것을 감안해야 한다.

*https://damo.alibaba.com/labs/vision

3. 결과물은 아래와 같으며, 아래 Advanced Options을 통해 초당 프레임 수와 생성 스텝을 증가시켜 더 퀄리티 높은 비디오를 생성해 낼 수 있다.

비디오 생성AI 기술은 지금도 활발하게 연구가 되고 있는 연구주제이다. 하지만 GPU 리소스가 많이 소모되는 연구이기 때문에 이미지 생성보다 빠른 속도로 서비스가 발전되고 있지는 않는 상황이다. Runway와 같은 비디오 전문 스타트업부터 구글, 메타 등 큰 기업들이 연구를 진행하고 있기 때문에 내년 이맘때는 얼마나 큰 발전을 이루어져 있을지 기대되는 바이다.

비디오 생성AI의 동작 원리

그럼 간단하게 비디오 생성AI의 원리에 대해서 알아보자. 비디오 생성

AI 설명에 앞서 아직 데모가 출시되지는 않았지만 본 장에서 언급한 가장 신빙성이 있는 Meta의 Make-A-Video 그리고 구글의 Imagen Video 두 논문을 기반해 설명한다.

Make-A-Video는 텍스트를 입력으로 받아서 비디오를 생성하는데, 방법론적으로 이미지를 생성하는 방법인 Text-to-Image^T2I 생성 기술을 발전시켜서 만들어졌다. 이전까지의 방식으로는 텍스트-비디오로 짝지어진 데이터가 있어야만 비디오 생성AI 모델을 만들 수 있었다. 하지만 비슷한 크기와 내용의 텍스트-비디오 쌍 데이터세트를 쉽게 수집할 수 없었기에AI & 딥러닝 학습의 가장 큰 문제가 데이터 습득에 있다 사실상 비디오 생성 AI를 만들기에는 데이터세트가 턱없이 부족했다. Make-A-Video는 짝지어진 텍스트-비디오 데이터가 필요하지 않으므로 대량의 비디오 데이터에 적용할 수 있다. 우선 텍스트-이미지로 짝지어진 데이터를 통해 세상이 어떻게 보이고 묘사되는지 학습하고, 그 후 텍스트로 묘사가 되어 있지 않은 비디오 영상에서 세상이 어떻게 움직이는지 학습한다. 이렇게 학습한 내용을 바탕으로 Make-A-Video는 텍스트를 입력받으면 그에 맞는 비디오를 생성한다. Make-A-Video는 공간과 시간의 범위를 감안한 초고화질Super Resolution 기술을 뒤에 붙여 사용자가 입력한 텍스트를 바탕으로 고화질 및 고프레임 비디오를 생성할 수 있다. 이런 기술이 추가되어 Make-A-Video는 Text-To-Video 생성 분야에서 이전 연구와 차별화되어 있다고 할 수 있다. 다음 그림은 Make-A-Video가 만들어낸 비디오 예시이다.

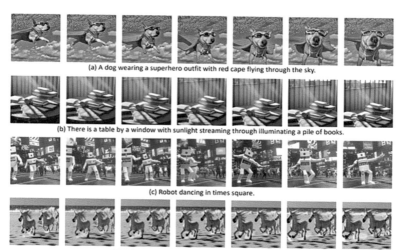

(a) A dog wearing a superhero outfit with red cape flying through the sky.

(b) There is a table by a window with sunlight streaming through illuminating a pile of books.

(c) Robot dancing in times square.

(d) Unicorns running along a beach, highly detailed.

예시를 보면 다양한 시각적 컨셉에 맞는 텍스트 묘사에 대해 일관된 모션으로 고품질 비디오를 생성할 수 있다. 이 기술을 통해 이미지 애니 메이션, 비디오 변형 등 다양한 작업에 사용할 수 있다. 방법론을 간단 히 다음과 같은 이미지로 묘사할 수 있다.

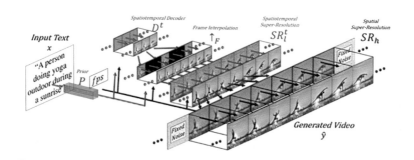

논문에서 발췌

위와 같이 입력 텍스트가 주어지면 앞의 P 네트워크에 의해 이미지

임베딩으로 변환되고, 원하는 프레임 속도fps가 주어지면 디코더 네트워크Dt는 64×64 프레임 16개를 생성한 다음 ↑F만큼 더 높은 프레임 속도로 보간interpolate하고 해상도를 초해상화 네트워크SRt를 통해 256×256으로, 두 번째 초해상화 네트워크SRh를 통해 768×768로 높여, 높은 시공간 해상도로 생성된 비디오를 생성한다. 예시에는 "일출 시간에 야외에서 요가를 하는 사람A person doing yoga outdoor during a sunrise"이라는 프롬프트를 통해 위와 같이 요가하는 사람의 짧은 영상을 만든 것을 볼 수 있다.

비디오 프롬프트로 홍보 영상 만들기

: 발렌시아가 X 해리포터, 해리포터가 발렌시아가를 홍보?

최근 유튜브에서 해리포터 주인공들이 발렌시아가 패션 브랜드 옷을 입고 패션 런웨이를 도는 영상이 공개되었다. 해리포터 배우들이 발렌시아가의 스폰서십을 받았다고 생각할 수 있지만 Demonflyingfox라는 유튜브 크리에이터가 여러 AI 툴들을 통해 만든 작품이며, 현재까지 850만 조회수를 달성하고 있다. 그 후에 구찌 스타일, 반지의 제왕 스타일 등 다양한 패러디가 나오고 있다.

발렌시아가 해리 포터 어떻게 만들었나 (WLDO_YouTube)

본 영상은 생각보다 코딩이 하나도 들어가지 않고 만들어진 영상인데, 챗GPT, 미드저니, ElevenLabs, D-ID 네 가지 AI 툴이 적용되었다. 실제로는 위 예시와 같이 비디오 영상을 생성한 것이 아닌 AI를 통해 가상의 이미지를 만들고 목소리를 합쳐 영상화한 것이다.

ElevenLabs는 AI 음성 소프트웨어를 개발하는 음성 기술 회사로 목소리 음원을 파일로 학습해 텍스트 입력 값을 내 목소리로 말하는 음원 파일을 생성해 주는 서비스를 제공한다. D-ID라는 회사는 말하는 AI아바타를 만들어 주는 서비스를 제공하는 회사이다.

Chat GPT

Midjourney

||Eleven
||Labs
D-ID

1. 우선 챗GPT를 통해 유명한 해리포터 캐릭터 10명을 뽑는다.

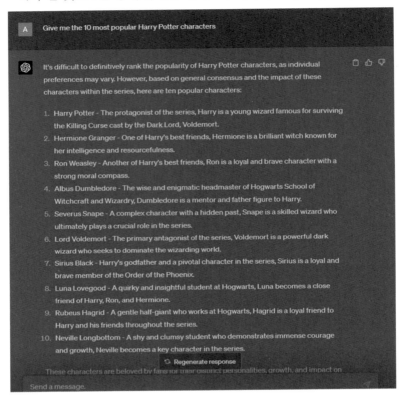

2. 다음으로 20년 경력의 발렌시아가 디자이너가 90년대 발렌시아가 패션쇼 느낌 스타일로 위 10명의 캐릭터를 입혀 달라고 지시한다.

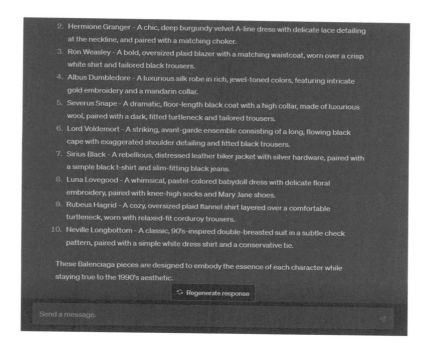

2. Hermione Granger - A chic, deep burgundy velvet A-line dress with delicate lace detailing at the neckline, and paired with a matching choker.
3. Ron Weasley - A bold, oversized plaid blazer with a matching waistcoat, worn over a crisp white shirt and tailored black trousers.
4. Albus Dumbledore - A luxurious silk robe in rich, jewel-toned colors, featuring intricate gold embroidery and a mandarin collar.
5. Severus Snape - A dramatic, floor-length black coat with a high collar, made of luxurious wool, paired with a dark, fitted turtleneck and tailored trousers.
6. Lord Voldemort - A striking, avant-garde ensemble consisting of a long, flowing black cape with exaggerated shoulder detailing and fitted black trousers.
7. Sirius Black - A rebellious, distressed leather biker jacket with silver hardware, paired with a simple black t-shirt and slim-fitting black jeans.
8. Luna Lovegood - A whimsical, pastel-colored babydoll dress with delicate floral embroidery, paired with knee-high socks and Mary Jane shoes.
9. Rubeus Hagrid - A cozy, oversized plaid flannel shirt layered over a comfortable turtleneck, worn with relaxed-fit corduroy trousers.
10. Neville Longbottom - A classic, 90's-inspired double-breasted suit in a subtle check pattern, paired with a simple white dress shirt and a conservative tie.

These Balenciaga pieces are designed to embody the essence of each character while staying true to the 1990's aesthetic.

🔄 Regenerate response

Send a message.

3. 챗GPT가 알려 준 프롬프트를 미드저니에 복사 붙여넣기 한다. 필자는 해리포터의 주인공 중 한 명인 헤르미온느로 진행해 보았다.물론 좋은 이미지가 나올 때까지 여러 번 반복한다. 결과물은 아래와 같다.

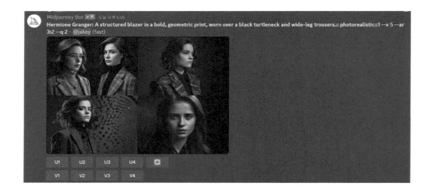

4. 목소리를 영상에 입힐 때 바로 일레븐랩스 서비스를 이용한다. 우선 배우 목소리를 얻기 위해 유튜브에서 아래와 같이 배우 인터뷰를 찾아 영상을 다운받고 구글에 Youtube to MP3라는 오픈 소스를 통해 MP3음원파일로 변경한다. 그후 일레븐랩스 공식 페이지https://elevenlabs.io/ 에 들어가 가입하고 아래 빨간색 박스의 +Add Voice 버튼을 누르고 그후, Instant Voice Cloning 버튼을 누르고 아래와 같이 Add voice를 하면 끝!

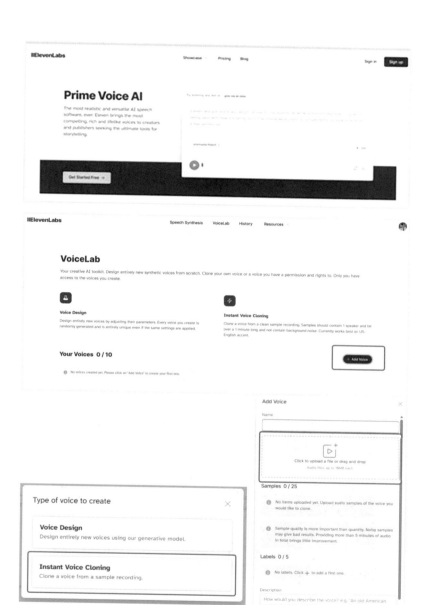

5. 일레븐랩스는 아래와 같이 MP3/WAV와 같은 음원파일을 통해 Text-to-Speech, 즉 텍스트를 학습된 발음과 목소리로 만들어 준다. 아래는 헤르미온느 목소리로 학습한 후 "My name is Hermione Granger from Harry Potter. I love to wear Balenciaga. It's just different."라는 텍스트를 헤르미온느 목소리로 추출하는 상황이다.

6. 다음은 D-ID 공식 웹사이트https://studio.d-id.com/로 들어가 Free Trial 버튼을 누르면 다음과 같은 페이지로 넘어간다.

7. 아래와 같이 빨간색 박스의 +ADD 버튼으로 위 미드저니를 통해 만든 헤르미온느 X 발렌시아가 이미지를 넣는다.

8. 그 후, 아래와 같이 빨간색 박스의 Upload Voice Audio 버튼을 통해 위 일레븐랩스에서 만든 목소리를 업로드하고 위 Create Video를 하면 끝난다.

9. 결과물은 아래와 같다.

가상 헤르미온느 발렌시아가 홍보 영상
https://www.youtube.com/watch?v=LblGyLMh7P0

위와 같은 방식으로 여러 명의 이미지를 만들어서 동영상을 합쳐주면 된다. 지금까지 비디오 생성AI 트렌드 및 원리 그리고 최근 이슈가된 발렌시아가 X 해리포터 영상 만드는 방법을 소개했다. 비디오 생성AI 관련 연구는 지금도 지속해서 하고 있으며 앞으로도 수많은 비디오 생성AI 서비스가 쏟아져 나올 것이라 생각한다.

6장
사무자동화를 최적화할
프롬프트 엔지니어

챗GPT 발표를 시작으로 많은 것들이 바뀌고 있지만 일반 사무직 종사자, 대학생, 대학원생들의 업무와 학업 관련 데이터 활용이나 보고서 작성 등의 영역에서는 더 빠르게 더 심플하게 파격적인 일들이 일어나고 있다. 엑셀이나 워드, 파워포인트 없이는 업무를 할 수 없는 사람들이 이제 프롬프트 작성으로 컴퓨터 비서에게 말로 복잡한 보고서 작성을 맡길 수 있게 된 것이다. 이미지나 동영상이 아직은 특수한 집단에서 많이 쓰이는 영역이라면 보고서 작성이나 조사자료 분석 같은 사무 영역은 거의 대부분의 컴퓨터 사용자에게는 필수적인 것이기에 좀 더 자세히 알아 둘 필요가 있다.

마이크로소프트 빙(Bing)의 챗GPT 연동
빙(Bing), 챗GPT라는 날개를 달다.

챗GPT 가 출시된 이후, 오픈AI는 오픈AI대로 챗GPT4.0으로 업그레이드를 할 동안 오픈AI의 투자사 마이크로소프트도 놀고만 있지 않았다. 챗GPT4.0 전후로 챗GPT를 마이크로소프트 검색엔진 빙Bing에 탑재한 것이다. 2021년 9월 국내 검색엔진 시장 점유율을 보면, 아래와 같이 네이버 57.2%, 구글 36.2%, 다음 5.1%, 빙 1.2%이다.

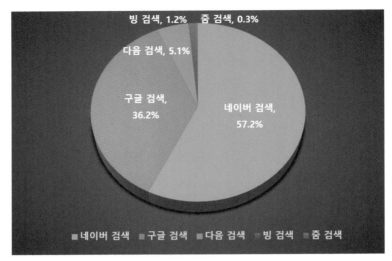

국내 검색엔진 시장점유율_2021년 9월 기준 (muksteem.tistory.com)

한국인에게는 아직까지도 네이버가 가장 좋은 검색엔진으로 자리잡고 있지만, 젊은 층이나 컴퓨터를 업무에 많이 쓰는 사람들은 네이버의 검색엔진보다 구글 검색엔진이 지식 습득에 대한 효율성이 압도적으로 높다고 생각하기도 한다. 물론 한국 문화·맛집·지도와 같은 우리나라 문화와 지역적 지식에 대한 부분은 아직까지도 네이버가 압도하긴 하지만, 그 밖에 영문으로 된 디지털 정보는 당연하고 과학적 사실이나 뉴스와 같은 사실 기반 정보는 구글이 더 좋은 정보를 제공한다고 여겨지기도 한다. 실제로 아래와 같이 구글의 한국시장 점유율은 나날이 증가했다.

여기서 주목해 봐야 할 부분은 바로 '빙'이다. 빙의 한국점유율은 1.2%이며 세계적으로도 1.1% 정도밖에 되지 않는다.*

국내 인터넷 검색엔진 점유율 추이(단위%)

2021년 기준 5개년 국내 검색엔진 시장점유율 추이 (muksteem.tistory.com)

이 빙이 챗GPT를 탑재했다는 것은 대단히 큰 이변이고, '챗GPT의 등장은 구글 패권의 종말을 의미하는가?'와 같은 기사들이 쏟아져 나왔다. 물론 필자는 MS가 행한 언론 플레이란 부분도 있을 거라고 추측한다. 이것을 반증하는 증거로 Bing x 챗GPT가 연동된 지 얼마 안 되어 구글의 챗GPT와 같은 '바드Bard'가 출시되었다. 하지만 너무 급하게 출시한 탓일까.

바드가 출시되자마자 '바드가 틀린 답을 낸다' 라는 기사가 쏟아져 나오고 결국 구글 모기업 알파벳의 주가는 7% 이상 하락하는 처참한 시험 성적을 받는다.* 구글이 지금까지 초거대언어모델, 소위 LLM의 연구에 소홀했던 것은 아니다. 단지, 구글이라는 검색엔진에 탑재를 하지 않

---

*19+ Crucial Search Engine Statistics For 2023 (Market Share, Usage, & Demographics) (startupbonsai.com)

6장.사무자동화를 최적화할 프롬프트 엔지니어

은 이유는 구글 입장에서 챗GPT는 구글에게 가장 큰 매출을 가져오는 디지털 광고를 건드리는 너무나 큰 파괴적 혁신이기 때문에 지금까지 쉽게 탑재하지 못했다는 게 시장 전문가들의 의견이다.[**]

마이크로소프트의 큰 그림, 오픈AI에 투자한 진짜 이유!
MS Office Copilot

챗GPT가 확실히 노동시장 변동의 시발점이라는 것은 아마 먼 미래 역사책에 적히지 않을까 생각한다. 마이크로소프트가 이번에 발표한 Bing x 챗GPT는 빙산의 일각이다. 2000년대 이후 가장 중요한 컴퓨터 업무 툴이라고 하면 마이크로 오피스의 Word, Excel, Powerpoint 이 세 가지를 들지 않을 수 없다. 마이크로소프트는 2023년 3월, 마이크로 소프트 365 코파일럿(Copilot): Outlook, Powerpoint, Excel, Onenote와 의 연동이라는 엄청난 발표를 한다.[***]

아래 그림은 MS 오피스 코파일럿 소개 영상 중 중요 예시를 캡처해 소개한 것이다.

 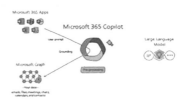

---

*알파벳 주가, 챗봇 '바드' 틀린 답변에 7% 이상 폭락 (연합인포맥스)
**링크 100개 대신 답 1개 원하는 시대, 검색광고의 운명은? (티타임즈TV)
***Introducing Microsoft 365 Copilot with Outlook, PowerPoint, Excel, and OneNote
(Microsoft 유튜브)

1) 엑셀

다음 두 가지 이미지를 보면, 회사의 제품별 매출 시계열 자료가 있다. 이 표를 기반해 코파일럿에게 "Help me visualize what contributed the decline in sales growth.매출 성장률 감소의 원인을 시각화해 줘"라고 질문을 던지면 아래와 같이 몇 분기에 무슨 제품이 가장 큰 원인이었는지 표시해 준다. 이는 두 가지 효과를 유추해 볼 수 있는데 있는데, 회사 직원이 엑셀로 매출 보고서 및 발표자료를 만들 때 시간을 절약하고 엑셀 혹은 금융자료를 이해하지 못하는 직원에 대한 러닝 커브 비용 감소 효과가 있을 것이다. 물론 코파일럿에게 어떤 방식으로 프롬프트 질문을 던져야 할 것인가도 중요한 요소가 될 수 있다. 물론 이 밖에 엑셀자료를 기반해 엑셀 함수를 모르더라도 정렬을 명령할 수도 있고, "올해 비즈니스 결과에 대한 세 가지 주요 트렌드를 요약해 줘"와 같은 질문도 던질 수 있다.

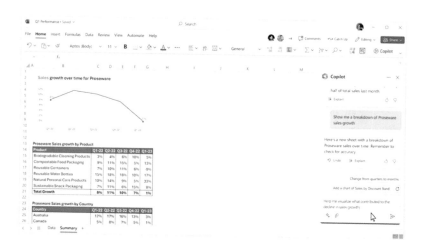

GPT for Sheet, 구글시트(Google Sheet) GPT 플러그인(Plug-in)

지금은 바로 MS Office 365 Copilot을 사용할 수 없지만, 대체할 수 있는 방법이 있다. 바로 'GPT for Sheet' 플러그인을 사용하는 방법이다. GPT for Sheets는 구글 시트Google Sheets용 GPT 플러그인으로, 이 플러그인은 오픈AI의 GPT-4 기반의 인공지능 기술을 활용해 사용자가 구글 시트에서 더 효율적이고 지능적인 작업을 할 수 있도록 도와준다.

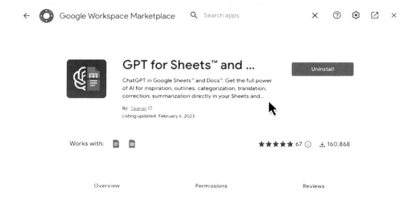

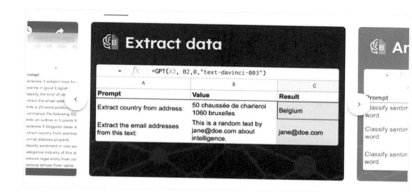

구글 시트에서 GPT for Sheet를 설치하는 방법은 다음과 같다.

1. 구글 메인 페이지https://www.google.com에 들어가 오른쪽 위 메뉴에서 아래와 같이 구글시트Google Sheet를 클릭한다.

6장. 사무자동화를 최적화할 프롬프트 엔지니어

2. 구글시트를 열면 메뉴바에서 Extensions → Adds-ons → Get add-ons 메뉴를 차례차례 클릭하면 아래와 같은 Google Workspace Marketspace 팝업이 뜬다.

3. 아래 그림과 같이 GPT for Sheets and Docs를 클릭하고 설치한다.

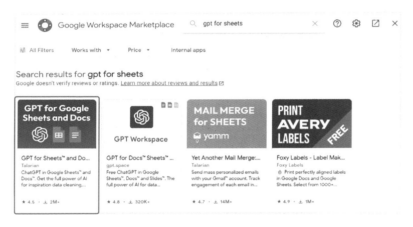

4. 설치가 완료되었다면 아래와 같이 OpenAI API Key가 필요하다고 한다. 아래와 같이 빨간색 박스의 "How to create an OpenAI API Key" 를 클릭하면 다음과 같은 페이지로 이동한다.

5. GPT for Work 페이지에 들어갔다면, Step1 & Step2를 따라서 OpenAI API Key를 발급받으면 되는데, 이미 챗GPT 계정이 있는 사람은 바로 Step2 링크로 들어가도 문제가 없다.

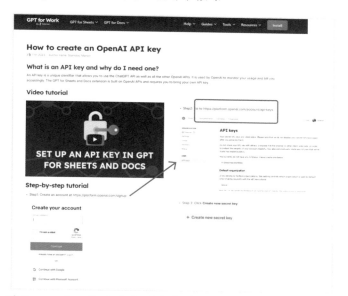

6. 위 Instruction에 따라서 빨간색 박스의 '+Create new secret key' 버튼을 누르고 생성된 API key를 GPT for Sheet 페이지로 돌아가 입력하면 끝!

177   6장. 사무자동화를 최적화할 프롬프트 엔지니어

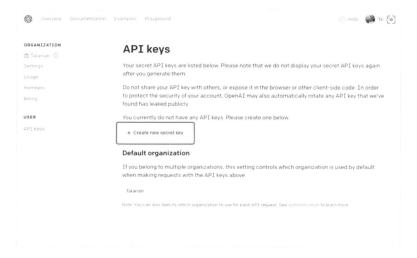

API keys

Your secret API keys are listed below. Please note that we do not display your secret API keys again after you generate them.

Do not share your API key with others, or expose it in the browser or other client-side code. In order to protect the security of your account, OpenAI may also automatically rotate any API key that we've found has leaked publicly.

You currently do not have any API keys. Please create one below.

+ Create new secret key

Default organization

If you belong to multiple organizations, this setting controls which organization is used by default when making requests with the API keys above.

Talanian

Note: You can also specify which organization to use for each API request. See Authentication to learn more.

7. 예시와 같이 함수명을 '=GPT( )'라고 쓰고 글을 넣어 보자.

8. 아래 예시와 같이 기본 챗GPT와 달리 구글 시트에서는 다른 시트에 있는 내용을 합쳐서 같이 넣을 수 있다. 아래 예시는 'GPT(C3:C5), C3~C5의 내용을 감안해서 작성해 줘'라는 내용이 숨어 있다.

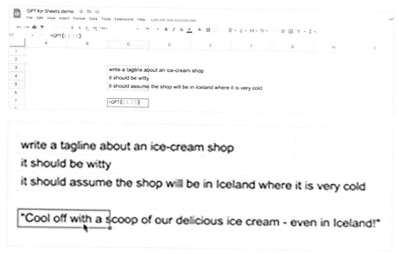

write a tagline about an ice-cream shop
it should be witty
it should assume the shop will be in Iceland where it is very cold

"Cool off with a scoop of our delicious ice cream - even in Iceland!"

ChatGPT in Google Sheets: a beginner's guide (101)
GPT for Work (GPT for Sheets and Docs)_유튜브

Youtube채널 'GPT for Work GPT for Sheets and Docs'*에는 다양한 예시와 튜토리얼이 있으니 관심 있는 독자라면 들어가서 배워 보자.

2) Word

다음 두 이미지를 보면 워드에서 코파일럿에게 아래와 같이 자세한 프롬프트를 통해 명령하는데 프롬프트는 다음과 같다. 어떤 방식으로 더 디테일한 프롬프트를 작성할 수 있는지는 제3장에서 다루었다.

---

* ChatGPT in Google Sheets: a beginner's guide (101) — YouTube

6장. 사무자동화를 최적화할 프롬프트 엔지니어

"타샤의 졸업 파티에서 우리가 얼마나 자랑스러운지 3분짜리 연설 내용을 줘. 그녀의 헌신과 글렌우드 도서관에서 프리야와 함께 밤늦게까지 공부하는 모습을 포함해 줘. 하키팀 주장으로서의 업적과 아이들에게 수학을 가르치는 자원 봉사 활동에 대해 언급해 줘."

결과는 아래와 같다.

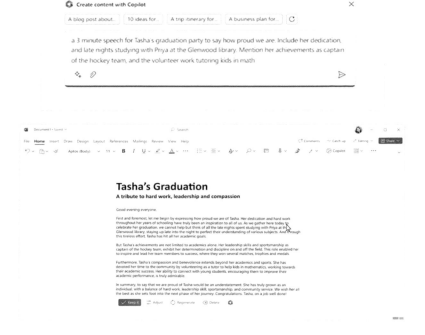

본 서비스는 사실 챗GPT·NotionAI·뤼튼의 글쓰기 기능과 매우 유사하며, 써 보기 전까지 어떤 것이 더 잘 창의적이게 써 주냐는 알 수 없다. 하지만 중요한 점은 같은 기능이라면 그리고 이미 MS 오피스 워드에 익숙한 유저라면 어떨까? 챗GPT나 NotionAI를 웹으로 새로 열면

서까지 쓸 것인가는 매우 의문이다. 그렇기 때문에 MS 오피스 코파일럿 기능은 막강하다고 필자는 판단한다.

3) 파워포인트

다음 두 이미지를 보면 파워포인트 코파일럿에게 아래와 같이 자세한 프롬프트를 통해 명령하는데 프롬프트는 다음과 같다.어떤 방식으로 더 디테일 한 프롬프트를 작성할 수 있는지는 제3장에서 다루었다.

"딸 타샤의 고등학교 졸업을 축하할 수 있는 프레젠테이션을 만들어 줘. 글렌우드 스프링스 고등학교에서 졸업하는 타샤는 축구를 하고 연극을 하며 전자학 동아리에서 활동 중이고 학교에서 우등생이야. 딸에게 대담해지고 모험심을 가지라고 조언하고 싶어!"

추가로 프레젠테이션은 이미지 기반이기 때문에 어떤 스타일 형식이냐가 중요하다. 아래와 같이 Fun·Colorful·Professional·Minimalist· Sentimental·Festive 중 고를 수 있다

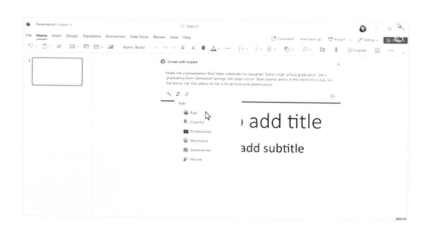

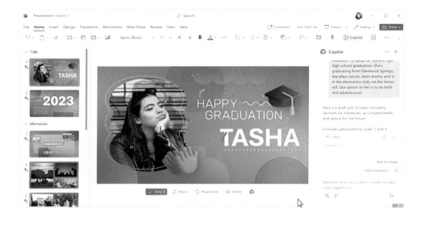

　　결과물을 보면 이 서비스는 이 책 중 3장의 챗GPT와 4장의 이미지 생성AI를 결합한 멀티모달 방식을 사용한다. 이 방식은 단순히 이미지와 디자인을 생성하는 것이 아니라, 기본 디자인 정렬과 마진까지 정돈되어 있고 채팅을 통해 수정도 가능하다. 텍스트 프롬프트를 잘 활용하면 관련 이미지도 생성해 준다. 프롬프트 작성과 의미 전달이 중요한 포인트이다. 예시를 보면 텍스트 프롬프트를 잘 반영해, 'Accomplishment달성'와 'Be bold adventurous대담/모험심'에 대한 추가 슬라이드도 단어와 연관된 초상권 없는 이미지를 생성해 주는 걸 볼 수 있다.

　　미국의 Canva는 웹 기반 디자인 회사로, 무료 템플릿과 쉬운 편집 기

능을 제공해 기업가치가 50조 원을 넘어섰다. 한국에서도 '미리캔버스'
와 '망고보드' 같은 비슷한 서비스가 있다. 그러나 이번 MS의 혁신이
Canva와의 경쟁에서 어떤 변화를 가져올지 기대된다.

방금 소개한 MS Office Copilot은 아직 출시가 되지 않았으며, 2023
년 2분기쯤 출시한다고 한다.

MS Designer, PPT계의 혁명

아직은 많이 알려지지 않았지만, 위 언급된 MS Office Copilot보다 더
빠르게 접해 볼 수 있는 마이크로소프트 AI디자인 서비스가 있다. 마이
크로소프트에서 추진하는 또 다른 킬러 프로젝트인 MS Designer이다.
현재는 아직 베타버전이기 때문에 아래 공식 웹 페이지에서 대기리스트
에 등록해 놓을 수 있다. 하지만, MS의 막강한 자본력을 감안하면 빠른
시일 내에 서비스의 형태를 갖추게 될 것으로 예상이 된다

MS Designer 메인 페이지

MS Office 355 Copilot과 달리 Canva·미리캔버스와 좀 더 비슷한 웹

SaaS 형태로 자유도가 좀 더 높은 디자인을 할 수 있는 툴이다. 아래 이미지를 보면 프롬프트에 "mobile rpg game, isometric, ghastly"라는 단어를 썼을 때, 저작권이 없는 디자인 이미지를 생성해 준다.

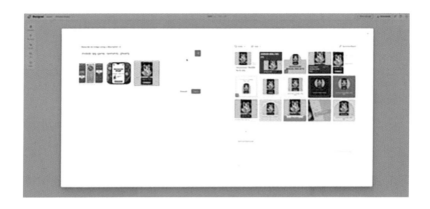

Powerpoint가 발표를 위한 슬라이드 제작 도구라면 MS Designer는 좀 더 시각디자이너 그리고 광고디자이너를 위한 웹 SaaS형 서비스로서 이미 lock-in 되어 있는 MS Office 유저들보다 Canva를 경쟁상대로 서비스를 낸 느낌이다. 물론 여기서 중요한 것은 달리2와 미드저니와 같은 이미지 생성AI는 선택지가 적고 하나의 이미지만 만드는 반면, MS Designer는 디자이너의 감각을 더 반영한 색상, 배경, 텍스트와 이미지의 배열 등 이미지 외 위·아래 레이어들까지 고려해 생성하기 때문에 프롬프트가 더 디테일해야 한다는 것이다.

이를 좀 더 쉽게 이야기하자면, 달리2와 미드저니보다 MS Designer가 더 많은 디자인 요소를 고려해서 작업하기 때문에, 더 상세한 정보를 제공해야 한다.

어도비(Adobe)의 이미지 생성AI 시장으로의 진출, Firefly

지금까지는 마이크로소프트의 생성AI 시장에 대한 진출을 이야기했지만, 결국 멀티모달 즉 텍스트·음성·이미지 전부를 다루는 서비스에 쉽게 접근해야 하는 상황에서 이미지 생성AI에 대해서는 마이크로소프트의 대항마가 있다. 바로 어도비Adobe이다. 포토샵이나 일러스트레이터라는 제품을 알고 있는 독자들은 아마 어도비라는 회사가 익숙할 것이다. 어도비는 사실 생성AI 시장에서 독자들이 아는 것보다 선두주자이다. 어도비에는 Adobe Research라는 R&D부서가 이미 아주 오래전부터 존재했다. 이미지 생성 및 편집에 관련된 논문을 Adobe 회사가 만들어진 1982년 전후부터 꾸준히 냈으며 Adobe Research 공식 웹사이트에 들어가 보면 이미 2000편이 넘는 논문을 Adobe Research 이름으로 투고한 바 있다. 이 책을 집필하고 있는 4월 기준, Adobe Research에서 2023년에 나온 논문 수는 19편이다.

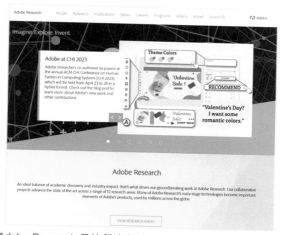

Adobe Research 공식 웹사이트 (https://research.adobe.com/)

그만큼 이미지 분야에서 어도비는 기술적으로 매우 자신 있어 하며 논문을 낸다는 뜻은 기술의 독점권이 아닌 기술 증명이란 뜻이기 때문 사업적으로도 어도비는 경쟁사가 나올 때마다 큰 돈을 주고 경쟁사를 인수했다. 작년 어도비의 피그마 28조 원 인수 소식은 여러 업계에 큰 파장을 일으켰다. 2023년 현재, 생성AI 기술 발전과 AI 기반 솔루션들의 성장에 따라 어도비도 이미지 생성AI 시장에 진출하기 위해 오래전부터 준비했고, 피그마 인수 이후 그 첫 작품이 Firefly라는 어도비의 이미지 생성 AI 솔루션이다.

Firefly는 사용자의 요구와 스타일을 이해하고, 이를 기반으로 고유한 디자인을 생성하는 AI 기반 이미지 생성 도구이다. 이 도구는 사용자에게 시간과 노력을 절약하면서 동시에 고품질의 그래픽 디자인을 제공하는 것을 목표로 한다.

어도비의 이미지 생성 AI인 Firefly는 어도비의 다양한 제품군과 통합될 것으로 예상되며, 이는 사용자에게 편리한 작업 환경을 제공할 것이라 추측된다. 현재 Firefly는 공식적으로 출시된 건 아니며, Beta 버전만

나와 있다. Firefly 공식 웹사이트를* 통해 Beta 버전 대기리스트에 먼저 신청해 볼 수 있으니 관심 있는 독자들은 신청해 보자.

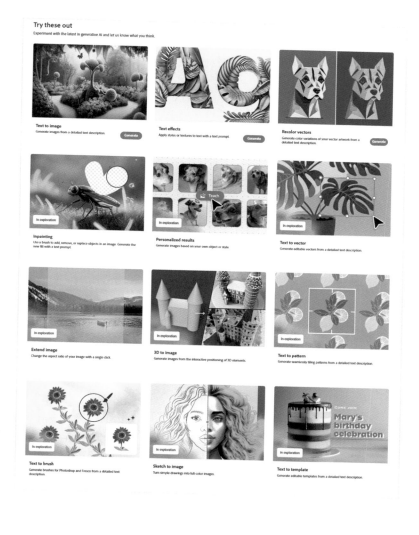

*https://firefly.adobe.com/

6장. 사무자동화를 최적화할 프롬프트 엔지니어

공식 웹사이트에 들어가면 곧 나올 기능들을 미리 설명해 놓았는데 내용은 아래와 같다.

1. Text-To-Image
2. Text Effects
3. Recolor Vectors
4. Inpainting
5. Personalized Generation
6. Text to Vector
7. Extend Image
8. 3D-To-Image
9. Text-To-Pattern
10. Text-To-Brush
11. Sketch-To-Image
12. Text-To-Template

어도비가 이미지 생성 AI 시장에 진출함으로써 기존의 디자인 소프트웨어와 AI 기술의 융합이 더욱 가속화될 것으로 예상되며, 이로 인해 디자인 산업에 큰 변화가 일어날 것으로 기대된다. 과연 MS vs Canva vs 어도비 이 전쟁의 승자는 누구일까? 앞으로 직업적인 디자이너들의 업무 방향은 이런 툴들을 얼마나 능숙하게 이용하느냐에 따라 완전히 달라질 것같다. 놀라운 속도의 발전을 점프해서 한 번에 따라 잡기는 어렵다. 차근차근 변화의 흐름에 동참해서 실전에 활용하다 보면 최고의 전문성을 가질 수 있을 것이다.

7장
프롬프트 엔지니어링으로
어디까지 할 수 있을까

챗GPT와 같은 초거대 AI의 등장과 함께 프롬프트 엔지니어링이 주목
받고 있는 것은, 인터넷 초기의 정보 검색사 열풍을 떠올리게 한다. 그러
나 인터넷이 대중화되고 검색 서비스가 발전함에 따라, 정보 검색사라
는 직업은 사라졌다. 책 읽기나 인터넷 검색이 데이터와 정보 탐색의 일
반적인 행위로 인식되지만, 그 자체로는 직업이 될 수 없었다. 정보나 데
이터를 인터넷의 어딘가에서 찾아 주는 역할이 누구나 할 수 있고,
또 다양한 검색 봇들이 키워드 몇 개로 단순하게 찾아낼 수 있기 때문
에 더욱 그런 역할이 필요 없어진 것이다. 빅데이터 시대에서는 데이터
마이닝이라는 말이 매우 유행했었다. 데이터에서 인사이트를 추출하는
업무인데, 스마트 폰 출현 이후에 더욱 더 데이터 마이닝이 확산되었고,
데이터 마이너가 매우 유망한 직업으로 인식되었다. 데이터 사이언티스
트라고 해서 데이터 마이닝을 포함해 데이터에 대한 이해력을 가지는
전문적인 분야의 사람들을 일컫는데, 주로 의사나 법률가 등이 본업에
데이터 문해력데이터 리터러시 역량을 가지고 있을 경우가 많다. 이러한 변화
의 흐름이 초거대AI시대에 점점 인기가 높아지는 프롬프트 엔지니어링
으로 옮겨 가고 있는 상황이다.

프롬프트 엔지니어가 되려면

챗GPT의 열풍 이후로 프롬프트 엔지니어에 관심이 높아진 이유는 크게 두 가지로 볼 수 있다. 첫째 프롬프트가 대중에게 알려진 지 얼마 되지 않았고 또한 일반인에게 아직 낯설기 때문인데, 생성형AI가 많아지고 보편화될수록 여러 분야에서 특화된 형태의 직업 또는 직능으로 변화될 것이다. 둘째 대규모 언어모델이나 초거대AI를 만든 기업조차도 질문에 대한 답변을 정확하게 알 수 없기 때문이다. 이러한 것은 파운데이션 모델Foundation model의 가장 큰 특징인데, 설명할 수 없고 답변에 예측 불가능한 창발적emergency 특징이 많기 때문이다. 시간이 많이 필요할 것으로 보이며 기본 모델Foundation Model의 특성이기도 한데 최근에는 점점 설명이 가능한explainable AI도 함께 나오고 있다. 전문가들은 초거대 AI를 '블랙박스'로 여기고 있다. 이는 AI의 내부를 이해하기 어렵고 원하는 결과를 얻기 위한 명확한 규칙을 정립하기 힘들다는 점에서 그렇다. 이러한 이유로 인해 프롬프트 엔지니어링 또는 프롬프트 엔지니어가 더 주목받고 있는 것이다.

AI의 발달과 함께 변화하는 직업

챗GPT가 처음 출시되었을 때 많은 사람들은 프롬프트 작성을 영어로 했다. 더 좋은 출력을 내기 위해서 한국어를 영어로 번역한 후에 챗 GPT에 입력해 출력을 받았다. 즉 '가장 인기 있는 새로운 프로그래밍 언어는 영어다'라는 말까지 있었을 정도로, 앞으로는 컴퓨터 언어를 몰라도 지식 노동이나 창작 활동을 더 잘할 수 있음을 우회적으로 표현했다. SW개발이라는 패러다임도 동시에 변하고 있다. 아래 그림처럼 이제는 데이터만 있으면 프로그램을 만들어 주는 세상이 되었다.

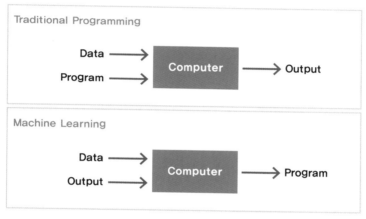

전통적인 프로그래밍과 기계학습(인공지능)시대의 프로그램 정의

프롬프트 엔지니어링의 미래는 어떠한 형태로든 지식 탐구와 창작을 추구하는 기술적 활동으로 전환될 것이다. 이러한 전환은 개인과 기업이 초거대AI생성형AI를 보다 효과적이고 생산적으로 활용할 수 있도록 돕고, 새로운 직업의 출현과 전문가들의 능력 향상을 촉진할 것이다. 이를 통해 인류는 새로운 지식의 발전을 이끌고 더 나은 미래를 만드는 데 집중할 수 있게 될 것이다.

결국 프롬프트 엔지니어는 초거대AI가 많이 생기고 보편화될수록 더욱더 시장에서의 수요는 많아질 것이다. 초거대AI들도 나라별, 시장별, 업종이나 산업별로 특화되어 세분화될 것이다 세분화된 AI모델들에 특화된 프롬프트 엔지니어링 기법과 엔지니어가 필요하게 될 것이다. 그러면 기본적인 프롬프트 엔지니어들의 기본적인 역량을 키우기 위해서 어떤 일을 해야 할 것인가?

1. AI 교육 및 경험

프롬프트 엔지니어가 되려면 컴퓨터와 AI에 대한 지식은 필수이다. 일반적으로 수학, 컴퓨터 과학과 같은 과목을 공부해 컴퓨터의 기초와 원리를 이해해야 하고 더 나아가서는 프로그램의 작동 원리, 논리학, 알고리즘 등에 대해서 공부해야 한다. 아울러 언어 처리와 언어 모델에 대해서 이해하게 되면 생성형AI의 원리와 작동 방법들을 이해하는 데 큰 도움이 될 것이다. AI의 다양한 기초와 모델들에 대한 공부도 필수인데 신경회로망의 작동 원리와 다양한 모델들과 학습 방법, 데이터의 전처리와 라벨링 및 모델의 하이퍼 파라미터의 종류와 사용 방법 등을 이해하면 매우 큰 도움이 될 것이다. 무엇보다도 AI에 대한 경험이 중요한데 다양한 AI모델들을 사용해 보고 경험해 보는 것이다.

2. 생성형AI 기술과 플랫폼에 대한 이해

사용하고자 하는 생성형AI 서비스에 대한 기술 이해와 플랫폼에 대한 이해가 선행되어야 할 것이다. 프롬프트 엔지니어링을 하는 영역에 대한 기본적인 이해가 있다는 가정하에 생성형AI를 선택하게 되는데, 선택한 생성형AI의 기본적인 이해를 하지 못하고 사용하게 되면 한계에 부딪히게 되는 경우가 생기며, 용어 선택의 어려움이 생길 수 있고 충분히 생성형AI의 능력을 끌어내지 못하게 된다. 챗GPT를 선택했다면 챗GPT에 대한 기술과 이해를 위해서 미리 GPT 기술과 플랫폼을 공부하는 것이 좋다. 또 미드저니와 같은 이미지 생성형AI를 사용하기로 결정했다면 이미지 생성형AI의 원리나 응용에 대한 지식을 쌓아 두면 프롬프트 엔지니어로서 작업하는 데 큰 도움이 될 것이다. 또한 무엇보다도 문제 해결 능력과 비판적 사고를 가지는 것이 좋다. 이는 생성형AI 모델에 더 나은 프롬프트를 만드는 데 도움이 되기 때문인데 창의력과 호기심도 성공적인 프롬프트 엔지니어가 되는 데 큰 도움이 된다.

3. 포트폴리오 구축 및 커뮤니티 활용

프롬프트 엔지니어로서 자신의 기술을 보여 줄 수 있는 프로젝트 모음, 즉 포트폴리오를 만들어서 활용하면 상당한 도움이 된다. 자신이 엔지니어링하고 디자인한 프롬프트의 예시나 함께 작업한 출력들도 넣어 두면 추가적인 작업이 생기거나 더 상상력과 창의력이 뛰어난 출력이 나올 수 있는 원천이 된다. 또한 커뮤니티 네트워크를 활용해 동종 업계에 있는 사람들과 작업을 공유하고, 같은 업무에 종사하는 직장인 클럽이나 온라인 커뮤니티에 가입해 새로운 친구를 만나고, 서로 도움을 주고받을 수 있다. 이를 통해 다양한 인맥을 쌓고 프롬프트 엔지니어링 분야에서 새로운 사업과 직업 선택의 기회를 발견할 수 있다.

파운데이션 모델의 출현과 AI 활용 방향

통상 수십 년, 수백 년에 한 번씩 여러 산업을 통째로 바꾸는 기술이 나온다고 한다. 산업혁명의 증기 기관, 전기의 발명, 반도체와 컴퓨터의 발명 등이 해당한다. 인공지능AI 역시 그럴 것이라고 최근 몇 년째 모두들 이야기하고 있다. 하지만 AI라는 단어는 이미 과거 수십 년간 존재해 왔고 정확히 무엇을 의미하는지 매우 모호했었다. AI 기술이 도대체 구체적으로 어떻게 세상을 바꿀 수 있을지 바둑을 제패한 알파고처럼 단편적인 이벤트들은 많이 있었지만, 이해되지 못하는 면들이 많았던 것이 사실이다.

최근에 나온 챗GPT와 같은 대규모 언어 모델부터, DALL-E와 미드저니, 스테이블 디퓨전과 같은 이미지와 텍스트를 동시에 학습하는 멀티모달multi-modal 모델들이 하루가 다르게 성능과 기능이 업그레이드되고 있다. 또한 글로벌 빅테크 회사들은 앞다투어서 창의력과 추론기능을 갖춘 모델을 출시하며 인간의 창의력에 도전하고 있다.

이러한 모델들의 공통점과 향후 방향성을 찾기 위해서 수많은 AI·ML·NLP 전문가뿐만 아니라 철학·법률·의학·교육 전문가들이 뭉쳐 '기초 모델들의 기회와 리스크들'On the Opportunities and Risks of Foundation Models이라는 제목의 엄청난 논문이 나왔다. 논문의 링크는 https://arxiv.org/abs/2108.07258이다.

이 논문에서 말하는 기초 모델Foundational Model이 현대의 AI변화와 방향에 대해서 의미가 있는 것은 그저 단순한 AI의 기술적인 측면뿐만 아니라 우리가 살고 있는 사회에 어떤 영향을 끼칠 것인지 다양한 가능성을 논하고 있기 때문이다. 우리는 다양한 분야에 종사하면서 직업을 갖고 직업을 통해서 성취감과 소득을 얻으며, 때로는 동료들과의 소통과 상호작용을 통해서 지적 성장을 이뤄 나가고 있다. AI가 파운데이션 모델로 변화해 가는 과정에서 공공·헬스케어·법률·교육·제조산업·유통 및 물류 등 경제와 사회의 기둥이 되는 분야는 어떻게 받아들이고 있는지 좀 더 깊은 고찰이 필요할 것이다.

FOUNDATIONAL MODEL이란?

챗GPT와 같은 모델들의 공통점은 엄청나게 많은 데이터를 학습한 언어 모델이고, 미드저니와 달리2 같은 모델은 엄청나게 많은 이미지를 학습한 이미지 생성 모델이다. 이러한 생성형AI는 각각의 모델이 어떤 출력을 생성하는가에 따라서 언어모델, 이미지 모델, 동영상 모델 등으로 구분하였다. 하지만 기초 모델Foundational Model이라는 개념은 하나의 형식으로 된 출력에만 국한하지 않는다. 또한 더 넓게 보면 하나의 분야에만 출력을 제한하지 않는다.

이러한 파운데이션 모델은 두 가지 특징이 있다.

1. 창발성Emergence: 시스템의 행동은 직접 프로그래밍되는 것이 아니라 데이터를 통해 유추된다. 창발성은 어찌 보면 모든 머신러닝 모델을 포괄하고 있는 특징이다. 기존의 많은 전문가 시스템은 데이터로부터 규칙을 생성하고 또 이 규칙에 따라만 움직일 수 있는 방식을 채택하고 있다. 그러나 신경회로망은 데이터만 있으면 알아서 확률·통계학적 모델

을 구축해 다음 행동을 결정하거나 미래 예측을 할 수 있다는 점이 이러한 창발성의 기본이 된다. 동시에 설명하기 어렵다는 단점도 있다. 정해진 규칙이 아니라 모델의 출력으로 바로 이용되어야 하는데, 이 출력의 이유를 설명하기 매우 힘들다는 점이다. 앞으로도 데이터가 점점 많아질수록 창발성의 특징은 더 강하게 작용할 것이다.

2. 단일성Homogenization: 하나의 거대한 파운데이션 모델이 여러가지 다양한 문제를 풀게 된다는 것이다. '좋으면서 일관성 있는 데이터만 있다면' 어떤 분야에 전문 지식이 없더라도 매우 훌륭한때로는 인간 전문가보다도 더 나은 시스템을 구축할 수 있다는 것이 빅데이터와 AI시대가 우리에게 가져다준 패러다임 변화이다. 단일화라는 이슈는 언어모델인 BERT가 처음 등장했을 때 모두를 놀라게 한 것이다. 그 전에는 자연언어를 처리하는 어플리케에션을 만들기 위해서는 특정한 데이터와 이를 통해 학습된 하나의 모델이 필요했다. 하지만 BERT는 기존의 방식이 아니라 그저 엄청나게 많은 양의 텍스트를 어떠한 다른 정보 없이 언어 모델로 미리 학습시키고pre-training, 이후 어떤 문제든 이 모델 위에 추가 학습finetuning 시키면 기존 기록을 넘어설 수 있었다. 많은 텍스트 데이터에서의 사전 학습pre-trained이 언어학적 지식을 압축시킨 '단일화된' 모델을 만든다는 것을 알아낸 것이다. 그 후에 나온 모델들 역시 대부분 이러한 단일화 방식을 채택하고 있다. 이러한 단일화 방식은 매우 효율적인 AI 서비스 개발이 가능하다는 큰 장점을 가지고 있지만, 학습된 데이터의 한계 및 기초 모델이 편향성·환각 등과 같은 문제점을 가지고 있는 경우가 많다 보니 아직 개선할 작업들을 많이 진행하고 있다.

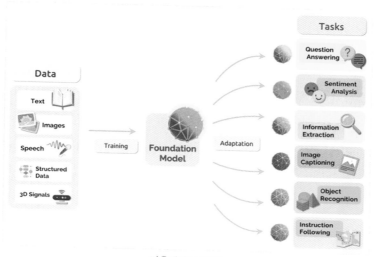

파운데이션 모델*

파운데이션 모델의 출현과 AI 활용 방향

현재 파운데이션 모델은 데이터가 어떤 형식이미지나 문자, 음성 등 정형·비정형을 가리지 않음이든 처리할 수 있는데, 더 큰 특징은 파운데이션 모델은 인간이 전기를 처음 발명했을 때처럼 '아직 어떻게 응용될지 모르는 중간 단계의 상태에 있는 발명품'이라는 것이다. 전기 역시 그 자체로는 딱히 큰 활용 가치가 있지 않지만 어떠한 장치가 들어가게 되면 그 가치가 발현되기 시작한다. 물론 전기가 다른 문명의 도구처럼 인류의 발전에 쓰일지 파괴에 쓰일지는 활용하는 사람의 의지에 달려 있었다. 전기로 생산할 수 있는 가치의 형태는 제한이 없었고, 이를 토대로 인류는 지난 백

---

*파운데이션 모델: https://arxiv.org/abs/2108.07258 데이터는 텍스트·이미지·음성·정형데이터·3D 시그널 등 구분을 하지 않고 학습에 이용된다. 모델이 학습되면 다양한 임무를 할 수 있는데, 질의응답·감성분석·정보추출·이미지 설명·객체 인식 등 거의 모든 인간의 창의력과 추론력을 포함한 일을 수행한다. 이러한 기초모델이 AI의 패러다임의 변화와 기본 모델이다.

7장. 프롬프트 엔지니어링으로 어디까지 할 수 있을까

여 년간 엄청난 발전을 이루어 왔던 것이 사실이다.

파운데이션 모델도 전기처럼 누구든 호기심과 상상력과 창의력이 있다면, 그리고 독창적이고 생산적으로 활용할 수 있다면 새로운 가치를 창출할 수 있게 하는 엄청난 가능성이 있다. 인간이 그동안 발전시켜 놓은 전 분야가 해당한다. 특히 데이터가 잘 만들어져 있고 앞으로 그 데이터가 꾸준히 나오는 분야일수록 그 쓰임이 많아질 것이다. 논문에서 소개한 세 가지 분야에 대해서 파운데이션 모델이 활용되는 사례를 소개해 보겠다.

의료 및 헬스케어 시장

헬스케어 시장의 파운데이션 모델은 다양한 의학 및 헬스케어 분야의 전문적 지식 데이터로 학습이 되어 일종의 지식 저장소로 활용될 것이다. 현재는 의학 논문의 텍스트 위주인 기초 모델이 나와 있지만 빠른 시간 내에 다양한 의료·영상 이미지, 다양한 형태의 의료 디바이스로부터 들어오는 센서 데이터까지 포괄해 학습된다면 더 강력한 의료·헬스케어를 위한 파운데이션 모델이 만들어질 것이다.

이러한 파운데이션 모델들은 환자들에게는 간단한 의학 Q&A 상담, 의료업계 종사자들에게는 환자에 대한 다양한 정보를 요약 받거나 효율적으로 지식을 검색하는 용도로 사용될 것으로 보인다. 의료 현장은 행정적인 비용이 약 30%를 차지하고, 비효율적인 시스템이 의료 사고의 주요 원인으로 뽑히기도 하는데, 파운데이션 모델로 효율성을 높이면 행정 비용과 예기치 못한 사고 발생을 줄일 것으로 기대할 수 있다.

또한 새로운 신약 프로젝트는 헬스케어와 인공지능의 융합을 통한 또 다른 가능성을 보여 준다. 대용량 언어모델에서 사용한 트랜스포머 같은 모델들이 배열 예측sequence modeling 같은 문제에 좋은 성능을 보이자 단백질 주름protein fold, 신약 개발drug discovery에 사용될 수 있는 가능성을 보이고 있다. 이러한 파운데이션 모델을 이용하면 좀 더 효율적으로 가설을 세우고 빠르게 검증할 수 있어, 의료와 헬스케어 분야에서 혁신의 속도를 높일 수 있다.

현재, 헬스케어에서 AI 활용의 가장 큰 이슈는 바로 개인 정보를 포함한 의료 데이터이다. 환자 데이터는 기본적으로 민감한 개인 정보이기 때문에 연구를 위해 공개되거나 병원 간의 공유가 쉽지 않은 상황이다. 파운데이션 모델이 엄청난 양의 데이터로 학습된다는 것에 비하면, 이런 데이터 공유와 활용의 문제는 매우 심각한 장애가 될 수 있다.

또한 활용할 경우에도 문제점을 내포하고 있다. 파운데이션 모델이 항상 올바른 정보를 출력하게 제어하는 것이 쉽지 않고, 만일 잘못된 정보가 제공되어 누군가 피해를 본다면 책임은 누가 져야 하는지 아직 불명확하다는 것이다. 특히 의료 및 헬스케어 관련 지식은 인간의 생명에 직결될 수 있기 때문에 어떤 자동화된 예측이든 정보 제공이든 굉장히 신중해야 한다. AI가 어떤 예측을 할 때 의학 전문가가 왜 이러한 결과가 나오게 되었는지 검토할 수 있어야 하는데, 아직까지 현재 신경회로망 모델들은 이러한 설명 가능성explainability이 부족해 실제 현장에서 도입되는 데 큰 장애물이 되고 있다. 최근에는 설명이 가능한 AI모델들도 함께 연구되고 있는데 앞으로 기존의 파운데이션 모델에 설명 가능성을 추가한다면, 의료 및 헬스케어 분야에 큰 전환점이 생기게 될 것이다.

법률서비스

법률서비스는 공공서비스 중에서도 상당한 양의 자료를 검토해야 하는 일이다. 그렇기 때문에 언어 처리 및 인공지능을 통한 자료의 효율적인 저장·검색·요약 등에 활용될 수 있는 분야이며, 예전부터 상당히 많은 연구와 개발이 진행되고 있다. 특히 법률서비스에서 가장 중요한 부분은 '의사결정'이다. 특히 인간이 내리는 법률적 판단은 편향성에 자유로울 수 없다는 연구 결과가 있는데, 어느 분야보다도 객관성과 공정성이 요구되기 때문에 더욱 중요하다. 특히 수집된 데이터의 편향성이 내재된 상태에서 파운데이션 모델을 학습할 경우, 내재된 데이터의 편향성이 모델에 그대로 적용된다. 따라서 초기부터 파운데이션 모델을 신중하게 설계하지 않게 되면 편향성을 가질 수밖에 없다. 그럼에도 불구하고 파운데이션 모델을 이용해 엄청난 양의 판례를 학습하고 법률적 판단을 예측하는 AI 시스템에 많은 연구가 진행되고 있다. 특히 유사한 사례가 많고 집행유예나 벌금형같이 비교적 가벼운 형사 재판의 효율성을 높인다면 법률 분야에 큰 혁신이 일어날 수 있다. 사법 시스템의 많은 리소스가 중요한 판단에 활용된다면 국가 전체로도 효율적으로 운영될 것이다.

앞에서도 언급했듯이 법률 분야에서 가장 핵심은 바로 '데이터'라고 할 수 있다. 의료 데이터와 비슷하게 법률 데이터 역시 전문가들밖에 생산할 수 없고, 전문가들의 데이터를 일반인들이 이해하기 매우 힘들다 보니 파운데이션 모델을 일반 사람들이 활용하기가 쉽지 않다는 것이다. 또한 법률적 의사 결정을 한 데이터에는 의사 결정 당시의 문화적 역사적 정치적 판단이 들어가야 한다는 점이다. IT의 보급을 통해서 사회와 문화가 빠르게 바뀌면서 40~50년 전 판결이 지금 사회적 상황에 맞지 않는 경우나 전혀 생각하지 못했던 경우가 많이 나오게 된다. 따라서 시대의 변화에 따라 새로운 법이 등장하고 기존의 법률도 계속 수정 보완되고 있는 것이다. 파운데이션 모델이 이러한 변화를 어떻게 정확하게 반영하면서 재학습될 수 있는지가 이 분야에 파운데이션 모델이 차용될 수 있는지의 가장 중요한 이슈가 될 것이다.

교육서비스

인공지능 시대는 앞으로 학생들이 공부하는 것에 큰 변화를 가져올 수밖에 없다. 이미 학생들과 교사들은 느끼고 있고 실제로 변화에 적응하기 위한 노력을 시작했다. 교육에도 파운데이션 모델이 활용되고 있는데 학생의 현재 수준을 파악해서 활용되는 사례가 있다. 파운데이션 모델이 지금까지 풀어 본 문제 중 무엇을 제대로 맞추었는지 틀렸는지를 보고 학생의 지식 수준을 파악하고 필요한 지식을 보충하기 위한 학습을 추천하는 시스템이다. 이런 과정을 통해서 무엇을 더 보완하고 공부해야 할지 추천 시스템을 짜는 개인화된 학습 도우미를 만들 수 있다. 여기서 더 나아가서 학생이 어떤 실수를 했는지 분석하고 파악해 그 부분에 대한 설명을 해 주는 것이 다음 단계의 '인공지능 선생님' 역할이 될 수 있다.

교육 부분에서도 의료나 법률에서와 마찬가지로 가장 중요한 것은 데이터이다. 학생이나 교사들의 데이터 역시 아주 민감한 개인정보 데이터라고 볼 수 있는데, 이런 개인화된 데이터를 기반으로 맞춤형 서비스를 하기 위해서는 해결해야 할 이슈들이 많이 생긴다. 물론 파운데이션 모델을 만들 다양한 교육 컨텐츠의 텍스트, 이미지, 비디오 등의 데이터를 함께 다루는 멀티모달multi-modal 시스템을 위한 데이터 구축도 필요할 것이다.

파운데이션 모델과 AI생태계

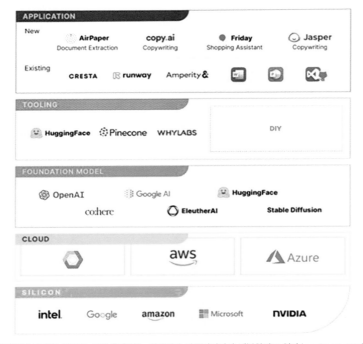

파운데이션 모델의 생태계: AI를 활용하는 생태계가 만들어지면서 세분화되고 있다.(madrona.com)

구글, MS, 아마존과 같은 빅 플레이어들은 든든한 자금과 인력을 기반으로 AI를 위한 클라우드 기반의 플랫폼을 지속적으로 투자하며 개발하고 있다. 파운데이션 모델이 나오면서, 클라우드 기반에서 AI를 제공해 고객들이 파인튜닝이나 독자적인 대규모 파운데이션 모델을 만들고 있는 상태이다. 개발자들은 파운데이션 모델들을 참조하거나 활용해 독자적인 모델이나 툴들을 만들고 어플리케이션에 활용할 수 있는 형태로의 개발 지원 툴을 만들고 있다. 특히 산업의 보안이나 컴플라이언스 그리고 엔지니어링에 차별화가 필요한 영역이다. 많은 창업팀들이나 회사의 개발팀들은 새로운 어플리케이션을 만들고 있으며, 이러한 파운데이션 모델을 사용해 기존의 어플리케이션과 서비스를 개선하고자 노력하고 있다.

프롬프트 엔지니어로 취업하기

최근 몇몇 국내 기업에서 많은 연봉을 제시하면서 프롬프트 엔지니어 모집공고를 공지했다. 공지를 살펴보면 몇 가지 특징적인 내용들이 있는데, 공통점들을 아래와 같이 뽑아 볼 수 있겠다.

모집 공고의 공통적 요소들

• 다양한 초거대AI 와 생성 인공지능 모델(GPT-3, ChatGPT, CLOVA, DALL-E, Stable Diffusion 등)의 아키텍처 작동 개념 숙지 그리고 프롬프트 엔지니어링 경험

• 생성형 AI의 API, 익스텐션 등 다양한 응용 활용에 능숙

• 범용적으로 쓰일 수 있는 프롬프트 기법 적용 역량 (예: 예제 선택 전략 / Chainof-thought 등)

- 의사소통 능력이 뛰어나고 AI 기술의 개념에 대한 명확한 설명 및 문서 작성 가능
- 문제 해결 능력 및 문제 해결을 위한 사고력, 창의력 보유
- 최소한의 기본적인 프로그램 작성 기술 보유^(파이선 등)
- 새로운 기술과 연구 및 업계의 동향에 적극적인 관심과 최신 정보 파악 능력

거의 모든 산업 분야에서 필요한 프롬프트 엔지니어이고 아직 시작하는 직업 분야이다 보니, 우선은 현재 나와 있는 생성형AI에 대한 기술적인 이해와 사용 경험들이 중요할 것으로 보인다. 점차 해당 사업 영역에 맞는 프롬프트 엔지니어가 더욱 많이 필요하게 될 것으로 보인다. 특히 모든 회사에 공통으로 들어간 항목은 창의적 자세인 것을 보면, 프롬프트 엔지니어의 역량은 AI를 뛰어넘을 수 있고, AI를 잘 다룰 수 있는 창의력이 가장 기본이 되는 것 같다.

프롬프트 마켓플레이스

프롬프트 마켓플레이스의 성장이 엄청나다. 몇 가지 프롬프트 마켓플레이스를 아래의 표에 소개한다. 관심 있는 사람들을 직접 접속해 무료·유료로 사용할 수도 있고, 자신의 프롬프트를 업로드할 수도 있다. 이런 프롬프트 마켓플레이스는 지속적으로 디지털 에셋^{asset} 마켓플레이스의 성장과 함께 시너지를 내고 있다. 또한 Web3.0 개념이 접목되어 있는 곳들이 늘어나면서 블록체인과 NFT기술이 접목된 형태로 진화하고

있다.

프롬프트 마켓플레이스	특징적 기능	지원하는 생성형AI	홈페이지
chatX	단순화된 형태로 무료· 유료의 프롬프트 제공	챗GPT, DALL-E 2 Midjourney, StableDiffusion	https://chatx.ai/
PromptBase	필터를 제공해 원하는 프롬프트를 찾기 쉽게 함	챗GPT, DALL-E 2 Midjourney, StableDiffusion	https://promptbase. com/
PromptSea	Web3.0 형식으로 지갑 이 연결되어 암호화폐로 구매 가능, 프롬프트 외 에 AI-art도 거래됨	Midjourney	https://www.promptsea. io/
neutronfield	Text-to-image용 프롬프트 거래	DALL-E 2 Midjourney, StableDiffusion, Disco Duffusion, Cryiyon	https://neutronfield. com/
Prompt Town	한국에 위치를 둔 마켓플레이스	챗GPT, DALL-E 2 Midjourney, StableDiffusion	https://prompt.town/
prompthero	가장 크고 다양한 콘텐츠 와 미디어를 보유. 디즈코드로 커뮤니티 구성.	챗GPT, DALL-E 2 Midjourney, StableDiffusion, Openjourney	https://prompthero. com/

프롬프트 시장은 실제로 매우 빠르게 성장하고 있다. 앞으로 이러한 성장세는 지속될 것으로 보이며 시장 전망은 매우 밝다. 많은 기업들이 프롬프트 기술을 이미 적극적으로 활용하기 시작했고, 이는 곧 프롬프트 제공 기업들의 매출 증대 및 각자의 비즈니스 모델로서 선두를 잡는 회사들이 많아질 것으로 보인다. 국내도 이미 해당기술을 활용해 선점

하고 있는 회사들이 나오고 있다.

최근 들어 인공지능 기술의 발전으로 더욱 진보한 프롬프트 시장은 다양한 산업 분야에서 적용되고 있고, 이러한 활용 분야의 확대로 인해 시장 규모는 더욱 커져 갈 것으로 예상된다. 이렇게 빠르고 엄청난 변화 속에 우리가 어떻게 대응하고, 적응해 나갈지 고민하고 실행한다면 분명히 기회가 있을 것이라고 생각한다.

오토GPT와 프롬프트 엔지니어링

챗GPT가 2022년 말에 출시된 이후 몇 달 동안의 AI 발전 속도는 정말 놀라울 정도이다. 가속도가 붙은 것 같다. GPT4가 주목받더니 이제는 오토GPT로 술렁거리게 되었다. 오토GPT는 파이썬 프로그램이 바탕인데 AI 스타트업 '시그니피컨트 그라비타스'가 GPT-4를 기반으로 제작한 것이다. 오토GPT는 기존 오픈AI 생성형 모델의 프롬프트에 추가 질문 및 답변을 하며 주어진 문제를 자율적autonomously으로 해결하므로 오토GPT라는 이름이 붙었다.

오토GPT 사용법

오토GPT를 사용하는 방법은 간단하지 않다. 깃허브https://github.com/Significant-Gravitas/Auto-GPT에서 다운로드할 수 있다. 일단 VS코드를 설치하고, 사용자의 컴퓨터에는 프로그래밍 언어인 '파이썬'의 3.8 이상 버전이 설치되어 있어야 하고, 오픈AI의 유료 계정을 보유해 GPT-4나 GPT-3.5 접근 API 키를 갖고 있어야 한다. API 키는 오픈AI와 인공지능 배포 플랫폼인 파인콘Pinecone의 API를 신청하면 바로 받을 수 있다. 문자를 음성으로 변환하는 기능인 TTSText To Speech를 사용할 수 있고, 사용자의 구글 계정 API 키로 검색을 실행할 수도 있다. 추가적인 파이썬 플러그인을 붙이는 것도 가능하다. 메모리 캐시는 로컬캐시Loacl Cache를 기본값으로 사용하지만 레디스나 파인콘 등으로도 변경할 수 있다.

오토GPT는 '연속모드continuous'를 제공한다. 연속모드로 실행하면 사용자 승인 없이 모든 작업을 100% 자동으로 수행하게 되는데, 가능한 한 연속모드 사용을 추천하지 않는다. 왜냐하면 한 작업에 얼마만큼의 GPT-4 API를 사용하게 되는지 예측하기 힘들어서, 과다한 비용이 청구될 경우가 생기기 때문이다. 즉 오토GPT는 기본적으로 GPT-4 APU를 쓰기 때문에 작업량이 많아지면 그만큼 오픈AI에 API 사용료를 내야 한다.

오토GPT의 작업을 한번 수행해 보면 사람의 업무 처리 방법, 정보 처리 방법과 유사하다. 자체 추론을 통해 이전 작업의 결과를 바탕으로 다음 작업을 생각하므로 사람의 감독이 필요 없을 정도이다. 여기까지만 해도 상당히 힘든 과정이라서 보통 일반인들은 쉽게 하기 힘들지만, 최근 동영상 등의 가이드가 많이 나와서 따라 하면 해 볼 수 있다.

작동 원리

오토GPT는 다양한 작업을 자율적으로 개발하고 감독하도록 설계되었다. 오토GPT에서 사용하는 자체 프롬프트 시스템을 사용하면 목표를 설정하고 세부 작업을 생성할 수 있다. 아직 시험 서비스 단계에 있지만 콘텐츠 생성, 정보 수집, 고급 메모리 관리를 비롯해 다양한 작업

에서 미래의 AI 기반 에이전트의 잠재력을 보여 주고 있기에 최근 인기
가 높아지고 있다.

오토GPT를 활용해 명령어를 주고 받는 화면(트위터)

위 그림을 보면 오토GPT를 활용해서 오토GPT에게 Chef-GPT라는
이름AI Name을 지어 주며, 세 가지 Goal목표을 설정하고 있다. 목표1: 부활
절과 같은 이벤트에 맞는 독창적이며 창의적인 레시피를 하나 제시할
것, 목표2: 레시피를 파일로 저장할 것, 목표3: 목표 완료 후 멈출 것. 이
렇게 세 가지 목표를 주고 나면 Chef-GPT는 레시피를 찾기 위한 구글
검색을 시작하면서 생각하기Thinking…를 시작한다.

오토GPT는 복잡한 작업을 독립적으로 할당하고 실행할 수 있는 더
작은 하위 작업으로 분류하도록 설계되었다. 이 프로세스는 하위 작업
이 직접 실행할 수 있을 만큼 작아질 때까지 반복적으로 계속되며, 더
크고 더 복잡한 하위 작업을 안정적으로 완료함으로써 오토GPT 시스
템은 성공적으로 실행할 수 있는 하위 작업 유형과 실행할 수 없는 하

위 작업 유형을 잘 처리하면서 일괄 처리하고 반복할 수 있게 된다. 아직까지는 인간처럼 다양한 수준에서 시스템 성능을 미세 조정하는 능력까지는 없지만 추가적으로 개선작업이 계속 진행되고 있다.

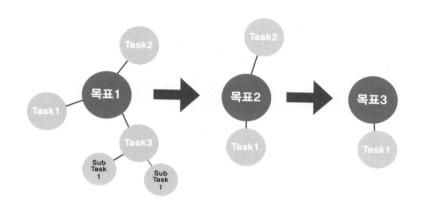

오토GPT의 목표를 달성하는 방법

새로운 기능

앞서 언급했듯이 오토GPT는 인터넷 검색, 메모리 관리 및 코드 작성, 실행 기능을 보유하면서 주어진 목표를 달성하기 위해 '스스로 프롬프트'하는 기능을 가진 새로운 인공지능 도구이다. 간단히 말해서 오토GPT는 고품질의 문서를 생성하고, 많은 양의 문서들을 요약하고, 질문에 답하고, 번역까지 할 수 있다. 향후에 나오게 되는 지능형 챗봇, 가상 비서, 언어 학습 도구 등 자연어 처리 응용 프로그램에서 큰 가능성을 보이고 있다. 앞으로는 좀 더 고차원 업무인 마케팅 조사, 콘텐츠 제작 및 소프트웨어 개발 산업에서도 사용할 수 있게 될 것이다.

7장. 프롬프트 엔지니어링으로 어디까지 할 수 있을까

비교 사항	오토GPT	챗GPT
자율성 (autonomous)	높음	낮음
프롬프트 생성	내부에서 자동 생성 (작업 완료에 필요한 프롬프트를 스스로 만들고 수행)	수동 입력 (프롬프트 엔지니어링 필요)
입력단위	목표(Goal)	테스크(Task)
사용 환경 설정	복잡 (설치 및 API연결 등)	단순
비용	높음 (API를 통한 챗GPT사용 요금 과금)	낮음
특징	오픈AI사의 GPT3.5/GPT4.0을 기반으로 서비스 제공	파인튜닝 등 세부 기능 활용 가능

오토GPT의 기본적인 입력 결과는 챗GPT와 비슷하다. 오토GPT도 챗GPT로 수행할 수 있는 대부분의 작업을 수행할 수 있는데, 가장 큰 차이는 오토GPT가 프롬프트를 자율적으로 생성해 목표를 수행한다는 것이다.

오토GPT는 AI 에이전트가 포함되어 있어 자율적인 결정을 내릴 수 있다는 점에서 챗GPT와는 다른 특징을 가지고 있다. 이러한 AI 에이전트는 개인 비서처럼 미리 결정된 규칙과 목표에 따라 결정을 내리고 작업을 수행하도록 프로그램되어 있는데, 이러한 규칙과 목표를 따라 하기 위한 환경을 설정하기는 초보자들에게 어려운 작업이다.

오토GPT의 사용 방법은 보통 인간이 작업을 생각하고 지시하는 방식과 같다. 코드 디버깅, 이메일 작성 등 비서에게 하듯 요청하면 된다.

오토GPT는 챗GPT보다 더 적은 지시^{이것은 프롬프트는 아니다}로 훨씬 더 높은 수준의 작업을 완료하도록 요청할 수 있다. 여러 가지 사용 데모에 따르면 순자산 증가, 트위터 계정 성장, 여러 비즈니스 개발 및 관리 등을 목표 값으로 입력하면 출력이 되기 때문에 상당히 편리하다.

앞 과정을 다 진행하고 나서 막상 사용해 보면 오토GPT가 수행하는 작업은 챗GPT와 별반 다르지 않게 여겨진다. 그러나 다른 것이 확실히 있다. 이름 그대로 '자동'이라는 것이다. 오픈AI가 개발한 언어모델 GPT의 API^{Application Programming Interface}를 기반으로 작동한다. GPT-3.5와 GPT-4.0 모델에 작업 수행 지시를 내리는 봇이 추가된 서비스라고 보면 되겠다. 예전에 자동차 운전을 할 때 계속 기어 변경을 해 주어야 하는 수동 드라이브 방식을 기억하는가. 면허시험장에서 면허라이센스 받을 때 수동으로 시험을 치고 차는 오토 모델로 사서 기어체인지 방식의 수동 드라이브는 다 잊어버리던 기억 말이다. 오토GPT를 보면 그런 생각이 든다. 컴퓨터를 부팅하고 몇 가지를 클릭하고 그냥 가면 된다. 챗GPT는 다양한 일을 대신해 줄 수 있지만 주어진 질문에 따른 답변만 했고 질문이 정교하지 못하면 써먹지도 못할 답변만 주기도 하기에 제대로 된 답변을 위해서 질문을 바꿔 가면서 계속 유도해 나가야 하는 번거로움이 있었다. 그러나 오토GPT는 그런 작업을 자동으로 처리한다. 다시 말해서 프롬프트를 자율적으로 생성한다는 것이다. 최종 답변, 즉 목표를 달성하기 위해서 검색하고 학습하고 추론하고 결론을 내리며 모든 과정을 전적으로 진행해 나간다는 것이다. 물론 이 과정에서 오류가 나올 수 있지만, 일일이 작업 지시자가 지시어를 변경하면서 정확한 답을 유도해 나가야 하는 번거로움 없이 오토GPT가 자율 반복기능으로 실수를 최소화하고 결과를 매끄럽게 만들어 나간다는 것이다. 각종 소프트웨어 및 서비스와 상호작용을 할 수 있기 때문에 보다 넓고 복잡한 문제도 해결할 수 있다. 오토GPT가 개발자에게 필요한 앱을 즉석에서 만들어 주기도 했다는 인증도 나오고 있다.

최근에는 오토GPT가 환경 설정 등의 어려움으로 초보자들이 활용하기 어렵다는 지적에 따라서, 더 쉽고 편한 UX^{사용자 실행}를 제공하는 서비스도 출시되고 있다. 그중에 하나가 에이전트GPT인데 간편하게 오픈AI의 API값만 입력하면 목표를 자율적으로 수행해 주는 서비스이다.

이전트GPT 베타 서비스의 시작. 더 쉽고 편한 자율형 AI에이전트가 출시

한계성 및 향후 방향

　SNS에서 누군가 오토GPT를 영화 '아이언 맨'시리즈에 나오는 인공지능 비서 자비스에 비교하는 글을 올려 화제가 되었다. 자비스는 주인공 토니 스타크가 위험에 처하면 알아서 그를 구해 주기도 하고, 심지어 아이언 맨 군단 전부를 움직여 승리로 이끄는 역할을 하는 완벽한 비서이다. 바둑 두는 알파고는 이제 호랑이 담배 피우던 시절 이야기가 된 것이다. 불과 몇 년 만에 말이다. 그러니 앞을 내다보고 AI의 미래 발전을 전망한다는 것이 무의미한 지경이 되었다. 그 전망조차 불과 몇 년 후에는 마늘 먹는 곰 이야기가 되어 버릴 것 같기 때문이다.

　그러나 오토GPT의 한계 또한 분명히 있다. 앞에서 설명했듯이 비전공자인 일반 독자가 접근하기에는 무리가 있다는 것이다. 전문가에 가까운 컴퓨터 활용 능력을 갖춰야 하기 때문이다. 우선 오픈소스 프로젝트 툴에 오토GPT가 설치되어 있어야 하고, 유료 오픈AI 계정을 통해 GPT-3.5와 GPT-4.0 API 키를 갖고 있어야 한다. 파이썬 기반 앱이기 때문에 사용자는 이런 컴퓨터 언어에 대한 지식도 필요하다. 반면에 챗GPT는 만만하다. 언어로 프롬프트에 입력할 때 좋은 답을 끌어내는 능력을 갖추면 되는 것이기 때문에 접근성이 그야말로 만만한 것이다. 달리나 미드저니같은 이미지 생성AI도 앞 장들에서 설명했던 것처럼 독자들이 직접 해 보면서 프롬프트 엔지니어링 능력을 익혀 나가면 노력에 따라 다르겠지만 비전공자도 충분히 할 수 있다. 그에 반해 오토GPT는 잘 익은 감처럼 높이 매달려 있는 한계가 있는 것이다.

이런 접근성 문제와 상관없이 오토GPT는 분명 인공지능 산업에 또한 번의 커다란 충격을 주고 있음은 분명하다. 사람이 만든 AI가 사람의 개입 없이 문제를 해결해 간다는 것 자체가 '무섭다'는 반응에 공감하는 사람이 대부분이다. 이것은 AI가 아닌 AGI에 가깝다고 볼 수 있는데 AGI란 인공일반지능을 말하는 것이다. 오토GPT를 통해 인류는 인공일반지능AGI(Artificial General Intelligence) 시대에 한층 가까워졌다. 인공일반지능은 특정 조건에서만 사용할 수 있는 AI가 아닌 인간이 수행하고자 하는 모든 임무를 수행할 수 있는 AI를 칭한다. 이렇게 강력한 능력을 보유하기 때문에 강强인공지능이라고 부르는 것이다.

부록
가장 멋진 이미지를 만들어내는
이미지 프롬프트 작성 가이드

부록: 최유미
인공지능 콘텐츠 크리에이터
인공지능 활용 디지털 마케팅 코치
약리학을 전공하고 아모레퍼시픽에서 화장품 연구원으로 일했다.
일찌감치 산업계의 AI 활용에 눈뜨고 관련분야를 공부해
이제 인공지능을 활용한 디지털 마케터로 활동하며
프롬프트 엔지니어링 강의를 주 업무로 하고 있다.

이미지 생성AI가 이렇게 폭발적인 관심을 모으고 있는 이유는 무엇일까? 생성AI는 기존 데이터를 분석하거나 활용하는 것이 아니라 새로운 콘텐츠를 생성할 수 있는 인공지능이다. 이미지 생성AI는 이러한 생성AI의 한 종류로, 미학적이고 매력적인 특징을 가지고 있으며 사용하기 쉽고 공유하기도 용이하기 때문이다. 이러한 이유로 이미지 생성AI는 자신이 만든 AI 산출물을 손쉽게 공유하고 홍보할 수 있는 이상적인 도구가 되고 있다. 이번 챕터에서는 국내 스타트업인 이미지 생성AI 워크플로우 웹 플랫폼 '스포키(Sporky)'와 같은 이미지 생성AI가 어떤 것인지, 프롬프트를 어떻게 사용해야 좋은 결과를 얻을 수 있는지 알아보고자 한다.

1. 대표 이미지 생성AI의 종류는 무엇이 있을까?

과거의 예술 세계는 몇몇 창의적인 능력자들만이 활동할 수 있는 세계였다. 자신의 예술적인 생각을 그림이나 조각으로 표현할 수 있는 능력과 기술을 가진 아티스트만이 영유할 수 있는 활동이었다. 하지만 이미지 생성AI의 등장으로, 표현의 기술이 없어도 아이디어만 있으면 얼마든지 새로운 예술을 만들어 낼 수 있는 세상이 되었다. 이런 작업이 가능해진 이유는 챗GPT와 같은 프롬프트를 기반한 이미지 생성AI의 등장으로 가능해졌다. 즉, 자신의 생각을 텍스트로 잘 표현하면 얼마든지 기술이 없어도 자신만의 예술 세계를 표현할 수 있게 된 것이다. 이미지 생성AI 중 미드저니(Mid Journey), 스테이블 디퓨전(Stable Diffusion), 달리2(DALL-E 2)가 가장 대표적으로 잘 알려진 프로그램들이다.

1) 미드저니(Mid Journey)

미드저니(Mid Journey)는 미국 항공우주국(NASA) 엔지니어 출신인 데이비드 홀츠가 이끌고 있는 "인공지능 프로그램 연구소"의 약자기이도 하고 그들이 개발한 'AI 화가' 프로그램이기도 하다. 미드저니는 웹사이트에서 그림을 생성하는 것이 아니라 디스코드 서버에서 그림 생성이 진행된다. 현재 서비스 되는 유사 서비스 중 가장 높은 퀄리티의 결과물을 보여 주는 곳으로 알려져 있다. 하지만 아쉬운 것은 4월부터는 유료화 되어서 사용하려면 10달러/월의 금액을 결제해야 한다.

미드저니가 그린 작품 (discord/mid journey/ @Churtch : She/Her)

2) 달리2(DALL-E 2)

오픈AI 사에서 만든 이미지 생성AI로 2021년 1월에 처음 선보였고 그 사이 많은 진화를 거듭해 처음 개발 때보다 4배 더 큰 이미지 해상도를 지원받는 달리2 를 2022년에 선보였다. 달리2에서의 특징적인 기능은 인페인팅과 아웃페인팅이 가능하다는 것이다. 인페인팅이란 만들어진 작품 속 일정 부분만을 고치고 싶을 때 다른 영역의 변형 없이 수정이 가능한 기능이고 아웃페인팅이란 만들어진 작품을 확장하고 싶을 때 AI 가 만들어진 작품을 판단해 그에 맞게 확장해 주는 것이다.

실습 1. 달리2에서 이미지 생성. 인 페인팅/아웃 페인팅 해 보기

사전 준비

달리2 사이트이다. https://오픈AI.com/product/dall-e-2

구글 아이디나 다른 계정 이메일로 Sign-up 로그인한다.

Try DALL- E를 누르면 입장이 된다.

화면 가운데 있는 칸에 프롬프트를 넣고 Generate를 누르면 이미지가 생성된다. 달리2는 챗GPT와는 다르게 한국어를 인식하지 못하므로 영어로 프롬프트를 넣어 주어야 한다.

프롬프트: sunset beach (노을 지는 바닷가)

달리2 작품 (노을 지는 바닷가)

기본적으로 생성 이미지는 네 가지를 만들어 준다.

마음에 드는 이미지를 클릭하면 화면 오른쪽 상단에 Edit이 나오고 이 버튼을 클릭하면 이미지를 고칠 수 있다.

① 아웃페인팅: 해변을 오른쪽으로 연장

화면 중앙에는 이미지가 있고 화면 아래에 편집을 위한 도구 모음이 있다.

달리2 아웃페인팅을 위한 도구 메뉴

하단의 Add generate frame을 누른 뒤 그림의 확장 영역을 드래그로 설정한다. 이어진 그림을 확장하기 위해서는 확장 공간이 기존 그림과 겹치게 하는 것이 좋다. 그 후 Generate를 누르면 연장된 그림으로 확장된다.

Generation frame: 1024 x 1024

달리2 작품 (노을지는 바닷가 연장)

② 인페인팅: sunset beach (노을지는 바닷가) + lovers walking on the beach(바닷가를 걷는 연인)

인페인팅 기술은 도구 모음 중에 지우개를 사용한다.

달리2 인페인팅을 위한 도구 메뉴

지우개를 이용해서 선택한 이미지 중에 넣고 싶은 부분을 지우고 프롬 프트 부분에 넣고 싶은 이미지에 해당하는 프롬프트를 넣고 Generate를 누르면 지워졌던 부분에 원하는 이미지가 삽입된다. 실습은 오른쪽 하단 바닷가 쪽을 지우고 프롬프트로 lovers walking on the beach를 넣고 생성을 누르면 아래처럼 비슷한 느낌의 이미지 네 가지가 생성된다.

부록〉이미지 프롬프트 작성 가이드

달리2 작품 (노을 지는 바닷가를 걷는 연인)

달리2는 무료이기는 하지만 크레딧을 이용하는 프로그램이다. 처음에 무료로 가입하게 되면 50크레딧/한 달을 주는데 이미지 한 번 만드는 데 1크레딧이 사용되고 달리2는 기본적으로 네 가지의 그림을 그려 주 므로 50 크레딧으로 그림을 200개 그릴 수 있다. 그 후에는 매달 15크레 딧을 받을 수 있는데 그것보다 많은 작품을 만들려면 유료 가입을 해야 한다. 따라서 프롬프트에 대한 훈련을 무료사이트에서 충분히 한 후 좀 더 수준 높은 작업을 위해서만 사용하면 좋을 것 같다

3) 스테이블 디퓨전(Stable Diffusion)

스테이블 디퓨전(Stable Diffusion)은 스타트업 Stability AI가 여러 학술 연 구원 및 비영리 단체와 공동으로 개발한 AI이다. 독일 뮌헨 대학 머신 비전 앤 러닝 그룹(Machine Vision & Learning Group) 연구실의 연구를 기반으로

만들어졌다. 기존 text-to-image 모델들과는 다르게 컴퓨터 사용 리소스를 아주 적은 메모리를 가지고도 이미지 생성이 가능하게 만들어져 있고 오픈 소스로 공개해 일반인들도 사용할 수 있지만 잘 다듬어진 웹이나 앱으로 존재하지는 않기 때문에 초보자들이 사용하기에는 약간 어려움이 있다. 대신 스테이블 디퓨전 방식을 이용하는 다양한 이미지 생성AI 프로그램들이 지속해서 출시되고 있다.

실습 2. 달리2와 스테이블 디퓨전에서
같은 프롬프트로 이미지 생성해 보기

준비하기

달리2: https://오픈AI.com/product/dall-e-2

스테이블 디퓨전: https://stablediffusionweb.com/#demo

프롬프트: A puppy and a kitten play, in a sunny yard
(햇빛이 비치는 마당에서 놀고 있는 강아지와 고양이)

달리2: 햇빛이 비치는 마당에서 놀고 있는 강아지와 고양이

스테이블 디퓨전: 햇빛이 비치는 마당에서 놀고 있는 강아지와 고양이

2. 기초: 프롬프트 연습하기

1) 어디서 연습하면 좋을까?

이미 이미지 생성AI에 익숙해서 자유롭게 프롬프트를 사용할 수 있으면 해상도와 퀄리티가 높은 프로그램들을 사용하지만 그렇지 못하다면 유료 프로그램 사용은 부담스럽다. 이럴 때 사용하는 것이 무료 버전 프로그램들이다. 이런 프로그램들이 베타 버전을 무료로 배포하는 이유는 이 프로그램들도 학습이 필요하기 때문이다. 생성AI의 학습 모델 구조가 다양한 학습을 통해서 스스로 딥러닝을 하는 것이기 때문에 초기 버전에서는 무료로 사용자를 늘리고 사용자와 함께 학습하다가 어느 정도 시간이 지나면 유료화를 시작한다.

그럼 어떤 무료 이미지 생성AI들이 있을까?

이름	특징
포케잇 https://pokeit.ai/	한국형 미드저니. 곧 유료화 예정 한국어 프롬프트 가능(영어로 번역해 줌) 동양인, 한국 여성 이미지를 아름답게 구현.
플레이그라운드 https://playgroundai. com/	화가가 그린 작품 같은 이미지를 잘 생성하는 사이트 서양 느낌, 미국식 느낌의 이미지가 생성됨.
레오나르도 https://leonardo.ai/	미드저니처럼 디스코드에서 실행 매일 100장 이상의 이미지 생성 가능
렉시카 https://lexica.art/	고퀄리티 이미지 구현 매일 100장의 무료 이미지 생성 가능
드림스튜디오 https://dreamstudio. ai/	스테빌리티AI(Stability AI)가 스테이블 디퓨전을 이용해 만든 전문 유료 이미지 생성 서비스. 유료지만 가입하면 200회 무료 크레딧 제공
셔터스톡AI https://www. shutterstock.com /ko/generate	달리2 기반 AI로 라이선스 인정 받은 이미지의 학습으로 생성 된 이미지도 라이선스에 대한 법적 이슈에서 자유로움. 가입 없음. 이미지 생성 무료. 한국어 인식 고퀄리티 아님.

2) 시작하기

프롬프트 기초 연습을 위해서는 한국어 사이트인 https://pokeit.ai/를 사용해 본다. 유료화되기는 하지만 기본적으로 매일 100파이를 주기 때문에 초보자가 프롬프트 연습하기에는 충분한 양이다. 또한 실습 프롬프트 예제를 넣어도 책의 예시에 나온 이미지가 나오지 않는다. 생성AI의 특징으로, 생성되는 결과가 학습된 내용과 확률에 따라 매번 다르게 나오기 때문이다.

프롬프트를 작성하는 기본 순서는 다음과 같다.

① 첫째, 목표를 정한다.

생성하고 싶은 이미지가 무엇인지 명확하게 정하고, 관련된 키워드를 생각해 보자. 예를 들어, '바다에서 일몰을 보는 풍경'과 관련된 키워드는 '바다', '일몰', '하늘', '해변' 등이 될 수 있다. 제일 원하는 키워드가 맨 앞 주어가 된다.

② 둘째, 목표 즉 주어에 대한 설명을 해 보자.

주어에 대한 설명은 형용사가 될 수도 있고 동사가 될 수도 있다. 만약 원하는 목표가 바닷가 일몰이면 좀 더 구체적으로 표현해서 '분홍빛으로 물든 바닷가 일몰'이 되는 것이고 이 바닷가에 뭔가를 더 표현하고 싶으면 '분홍빛으로 물든 바닷가 일몰 위를 나는 갈매기'라고 덧붙이면 된다.

③ 셋째, 프롬프트 작성하기

한국어로 작성해도 이해하는 AI보다는 영어로 해야 하는 이미지 생성AI가 많기 때문에 구글 번역기나 DeepL 번역기를 사용해 위에서 작성한 한국어 프롬프트를 영어로 바꾸어서 넣어 준다.

좋은 프롬프트의 요소는 다음과 같다.

• 명확하고 구체적: AI 모델이 정확한 이미지를 생성할 수 있도록 피사체와 장면을 자세히 설명한다.

• 간결성: 간결한 표현을 사용하고 모델을 혼동하거나 의도한 의미를 희석시킬 수 있는 불필요한 단어는 사용하지 않도록 한다.

• 관련성: 주제 및 장면과 관련한 키워드 및 문구를 사용한다.

• 명확함: 여러 해석이 있을 수 있는 모호한 단어나 문구는 사용하지 않는다.

사전 준비

https://pokeit.ai/ 가입, 구글 로그인으로 하면 간편하게 할 수 있다.

포크잇에서는 프롬프트를 레시피라고 한다. 이 레시피 칸에 프롬프트를 넣으면 된다.

Poke it_레시피

Poke it_레시피와 모델

프롬프트: beach sunset (바닷가 일몰)/사진

포크잇의 장르에는 청춘만화, 애니메이션, 일러스트레이션, 건축, 풍경, 레트로 애니, 사진이 있다. 비율 이미지는 정사각으로 하는 것이 좋다. 이미지 비율이 달라지면 이미지 생성 시 이상한 이미지를 생성할 확률이 높아진다.

부록〉이미지 프롬프트 작성 가이드

포크잇에서는 기본 4장의 그림을 그려 준다. 그 중 하나를 선택하면 된다. 만약 마음에 들지 않으면 재생성을 누르면 새로운 그림이 만들어 진다.

Poke it_바닷가 일몰

프롬프트: Seagull flying over the pink sunset on the beach
(분홍빛으로 물든 바닷가 일몰 위를 나는 갈매기))/사진

Poke it_분홍빛으로 물든 바닷가 일몰 위를 나는 갈매기

부록〉이미지 프롬프트 작성 가이드

프롬프트: Seagull flying over the pink sunset on the beach (분홍빛으로 물든 바닷가 일몰 위를 나는 갈매기)/애니메이션 장르를 사진에서 애니메이션으로 바꿔서 그려 보자.

Poke it_분홍빛으로 물든 바닷가 일몰 위를 나는 갈매기_애니메이션

어느 정도 프롬프트를 넣는 연습이 되었다면 좀 더 설명이 긴 것을 연습해 보자. https://pokeit.ai/의 경우 한국 여성(특히 아이돌)을 그리는 데 탁월한 능력을 가지고 있기 때문에 이번 실습은 다양한 모습의 여성(한국인)을 그려 본다.

프롬프트: cuty girl, beautiful girl, k-pop

(귀엽고 예쁜 K-pop 여자 아이돌)

Poke it_귀엽고 예쁜 K-pop 여자 아이돌

부록〉이미지 프롬프트 작성 가이드

제외해야 할 묘사 넣어 보기

위의 결과를 보고 얼굴 표현이나 머리카락 색 등이 너무 인위적으로 보일 경우 빼고 싶은 요소에 대한 묘사를 넣을 수 있다. 또한 좀 더 사실적인 묘사를 위해서 '사실적인'이란 표현이나 많이 학습된 단어를 더 넣으면 좀 더 실사 같은 느낌이 들기 때문에 모델이나 배우 같은 단어도 넣을 수 있다. 이미지 묘사를 클릭하고 프롬프트를 넣으면 되고 제외해야 할 묘사를 클릭하고 네거티브 프롬프트를 넣으면 된다.

프롬프트: cuty girl, beautiful girl, k-pop, model, actress, realism (귀여움이 소녀, 아름다운 소녀, K-pop, 모델, 여배우, 사실적인)

네거티브 프롬프트: Faces that look too artificial, too big eyes, too white skin, too dark hair(너무 인공적으로 보이는 얼굴, 너무 큰 눈, 너무 하얀 피부, 너무 검은 머리)

Poke it_귀엽고 예쁜 K-pop 여자 아이돌_제외할 요소 첨부

배경이나 의상에 대해 설정해 보기

특정 의상을 입는 것(예: 모자를 쓰고 있는), 어떤 상황이라는 것까지 넣어서 프롬프트를 만들어 볼 수 있다.

프롬프트: cuty & beautiful girl wearing a hat who enjoys traveling and photography, k-pop, model, actress, realism
(모자를 쓰고 여행을 하면서 사진을 즐기는 귀엽고 예쁜 소녀, K-pop, 모델, 여배우, 사실적인)

네거티브 프롬프트: Faces that look too artificial, too big eyes, too white skin, too dark hair(너무 인공적으로 보이는 얼굴, 너무 큰 눈, 너무 하얀 피부, 너무 검은 머리)

Poke it_귀엽고 예쁜 K-pop 여자 아이돌_모자를 쓰고 여행하면서 사진을 찍는

부록〉이미지 프롬프트 작성 가이드

퀄리티를 높일 수 있는 프롬프트 예시

영어 프롬프트	뜻		
Ultra realistic	극사실적인	Abstract	추상적인 묘사
Ultra photoreal	극사실적인	8K	8K 해상도로 생성
Hyper realistic	초현실 적인	Professional photo	전문적인 사진
Fliry vibe	설레는 분위기, 유혹적인 분위기	Cinematic shot	시네마틱 샷
Photo realistic	사실적인 사진	Masterpiece	명작의
High angle view	하이 앵글뷰	detail enhancement	세부적인 것까지 향상
Soft light	부드러운 빛	Best Quality, High Quality	좋은 품질의
Unreal engine5	언리얼 게임 엔진 스타일	sharp focus	선명한 포커스
		detailed skin	디테일이 살아 있는 피부표현

프롬프트: masterpiece, best quality, photorealistic, dramatic lighting, raw photo, ultra realistic details, sharp focus, detailed skin, cuty & beautiful girl wearing a hat who enjoys traveling and photography, k-pop, model, actress, realism

(걸작, 최고 품질, 사실적, 극적인 조명, 원시 사진, 매우 사실적인 디테일, 선명한 초점, 디테일한 피부, 여행과 사진 찍기를 좋아하며 모자를 쓴 귀엽고 아름다운 소녀, K-pop, 모델, 여배우, 사실주의)

네거티브 프롬프트: Faces that look too artificial, too big eyes, too white skin, too dark hair(너무 인공적으로 보이는 얼굴, 너무 큰 눈, 너무 하얀 피부, 너무 검은 머리)

Poke it_하이 퀄리티 _귀엽고 예쁜 K-pop 여자 아이돌
_모자를 쓰고 여행하면서 사진을 찍는

3. 중급: 다양한 프롬프트 시도

1) 좀 더 디테일한 스타일 지정

① 인물의 경우 특정 연예인의 이름을 넣으면 비슷하게 그려 준다.

실습 5: https://pokeit.ai/에서

특정 연예인의 이름을 넣어서 그려보기: 엠마 왓슨

프롬프트: masterpiece, best quality, photorealistic, dramatic

lighting, raw photo, ultra realistic details, sharp focus, detailed skin, Emma Watson wearing a hat who enjoys traveling and photography, k-pop, model, actress, realism

(걸작, 최고의 품질, 포토리얼리스틱, 드라마틱한 조명, 원시 사진, 매우 사실적인 디테일, 선명한 초점, 디테일한 피부, 여행과 사진을 즐기며 모자를 쓴 엠마 왓슨, K-pop, 모델, 여배우, 리얼리즘)

Poke it_하이 퀄리티 _엠마 왓슨

② 필름에 따른 느낌도 지정할 수 있다.

실습 6: https://pokeit.ai/에서 특정 필름을 넣어서
그 느낌 살려 보기: 후지 필름

프롬프트: masterpiece, best quality, Fujifilm, dramatic lighting, raw photo, ultra realistic details, sharp focus, detailed skin, Emma Watson wearing a hat who enjoys traveling and photography, k-pop, model, actress, realism

(걸작, 최고의 품질, 후지 필름, 드라마틱한 조명, 원시 사진, 매우 사실적인 디테일, 선명한 초점, 디테일한 피부, 여행과 사진을 즐기며 모자를 쓴 엠마 왓슨, K-pop, 모델, 여배우, 리얼리즘)

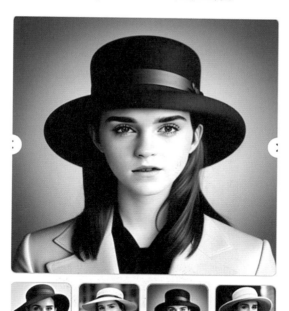

Poke it_하이 퀄리티 _엠마 왓슨_후지필름효과

부록〉이미지 프롬프트 작성 가이드

③ 아티스트 스타일을 지정할 수 있다.

특정 아티스트의 그림 풍으로 이미지를 생성해 달라고 지정할 수 있다. 예를 들어서 살바도르 달리, 피카소, 고흐 등 유명 화가의 이름을 넣게 되면 비슷하게 그려진다.

실습 7: https://pokeit.ai/에서 특정 연예인의 이름과 아티스트의 이름을 넣어서 그려 보기: 엠마 왓슨, 구스타프 클림트

프롬프트: masterpiece, best quality, photorealistic, dramatic lighting, raw photo, ultra realistic details, sharp focus, detailed skin, Emma Watson wearing a hat who enjoys traveling and photography, k-pop, model, actress, beautiful painting by Gustav Klimt

(걸작, 최고의 품질, 포토리얼리스틱, 드라마틱한 조명, 원시 사진, 매우 사실적인 디테일, 선명한 초점, 디테일한 피부, 여행과 사진을 즐기며 모자를 쓴 엠마 왓슨, K-pop, 모델, 여배우, 구스타프 클림트 풍의 초상화)

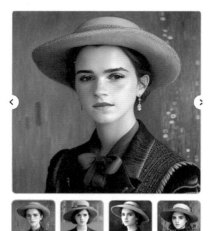

Poke it_하이 퀄리티 _엠마 왓슨_구스타프 클림트 풍

④ 조명 효과를 나타낼 수 있다.

프롬프트: masterpiece, best quality, photorealistic, blue lighting, Misty forests, hilltop castles, ultra realistic details, sharp focus (걸작, 최고의 품질, 포토리얼리스틱, 푸른 조명, 안개 낀 숲, 언덕 꼭대기 성, 매우 사실적인 디테일, 선명한 초점)

Poke it_파란 조명 효과_언덕 위의 성

부록〉이미지 프롬프트 작성 가이드

프롬프트: masterpiece, best quality, photorealistic, fairy lighting, Misty forests, hilltop castles, ultra realistic details, sharp focus (걸작, 최고의 품질, 포토리얼리스틱, 요정 조명 , 안개 낀 숲, 언덕 꼭대기 성, 매우 사실적인 디테일, 선명한 초점)

Poke it_요정 불빛 조명 효과_언덕 위의 성

⑤ 사진에 대한 각도도 지정할 수 있습니다.

실습 10 : https://pokeit.ai/에서 하늘에서 내려보는 각도의
언덕위의 성 그려보기 : Shot from a birds eye camera angle

프롬프트: Shot from a birds eye camera angle, masterpiece, best quality, photorealistic, fairy lighting, Misty forests, hilltop castles, ultra realistic details, sharp focus

(조감도 카메라 각도에서 촬영, 걸작, 최고의 품질, 사실적, 요정 조명, 안개 낀 숲, 언덕 꼭대기 성, 매우 사실적인 디테일, 선명한 초점)

2) 상세 표현을 다 외워야 하나?

상세한 표현은 진짜 다양하게 있다. 게다가 전문적인 용어들도 있기 때문에 쉽게 알기는 어렵다. 그렇다고 실망할 필요는 없다. 구글링을 통해 해결할 수 있다. https://www.the-ai-art.com/modifiers 사이트에 가면 아홉 가지 앵글, 79명의 아티스트들의 그림풍, 아홉 가지 조명 효과 등 내용을 자세히 보고 고를 수가 있다. 그뿐만 아니라 다양한 프롬프트 빌더와 도우미의 도움을 받으면 훨씬 더 훌륭한 프롬프트를 만들 수 있다.

4. 고급: 세밀하게 표현하는 프롬프트 고도화 작업

어느 정도 프롬프트에 대해서 익숙해졌다면 포크잇보다는 좀 더 좋은 퀄리티를 만들어 주는 이미지 생성AI를 사용해서 연습해 보기를 권장한다. 한국어 UI/UX로 구성되어 있고 복잡하지 않아서 사용하기는 편리하지만 점점 더 수준 높은 이미지를 생성하는 프롬프트 엔지니어가 되기 위해서는 무료이긴 하지만 스테이블 디퓨전 방식을 사용하거나 미드저니와 비슷한 구조로 이미지를 만들어 주는 프로그램을 사용하는 것이 좋다. 다양한 프롬프트 시도를 위해서 드림 스튜디오 https://dreamstudio.ai/, 렉시카 https://lexica.art/, 플레이 그라운드 https://playgroundai.com/에서 비슷한 프롬프트로 이미지를 생성해 보도록 하자.

1) 드림 스튜디오: https://dreamstudio.ai/,

아래는 드림 스튜디오 사이트 메뉴이다.

다른 사이트와 비슷하게 구글 아이디로 로그인하면 편리하게 사용할 수 있다. 포크잇에서의 레시피는 프롬프트로 표현되어 있고 레시피의 이미지 묘사 부분이 Prompt, 레시피에서 제외해야 할 묘사 부분은 Negative prompt로 표시되어 있다. 이 사이트는 특이하게 이미지 생성 시 클릭 버튼에 Dream이라고 써 있다.

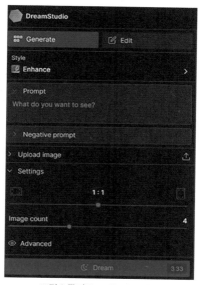

드림스튜디오_프롬프트 메뉴

포크잇 장르가 사진, 애니메이션, 레트로 애니메이션 등으로 나뉘어 있는 반면에 드림스튜디오에서는 enhance라고 표시되어 있고 좀 더 다양한 종류의 그림을 생성할 수 있다. 다른 프로그램에서는 프롬프트로 표시해야 하는 부분을 드림 스튜디오는 메뉴로 구성해 놓았다.

부록〉이미지 프롬프트 작성 가이드

드림스튜디오_인핸스 메뉴

프롬프트 예시는 뒤에서 나오게 되는 프롬프트 히어로나 Civit AI에서 카피해 오면 된다. 잊지 말아야 할 것은 꼭 네거티브 프롬프트도 가져와야 한다.

[공동 프롬프트]

프롬프트: b&w photo of 42 y.o man in black clothes, bald, face, half body, body, high detailed skin, skin pores, coastline, overcast weather, wind, waves, 8k uhd, dslr, soft lighting, high quality, film grain, Fujifilm XT3

(검은 옷을 입은 42세 남성의 흑백 사진, 대머리, 얼굴, 반신, 바디, 높은 디테일 피부, 피부 모공, 해안선, 흐린 날씨, 바람, 파도, 8K UHD, DSLR, 부드러운 조명, 고품질, 필름 그레인, 후지필름 XT3)

네거티브 프롬프트: (semi-realistic, cgi, 3d, render, sketch, cartoon, drawing, anime:1.4), text, close up, cropped, out of frame, worst quality, low quality, jpeg artifacts, ugly, duplicate, morbid, mutilated, extra fingers, mutated hands, poorly drawn hands, poorly drawn face, mutation, deformed, blurry, dehydrated, bad anatomy, bad proportions, extra limbs, cloned face, disfigured, used fingers, too many fingers, long neckgross proportions, malformed limbs, missing arms, missing legs, extra arms, extra legs, fused fingers, too many fingers, long neck

((반 사실적, CGI, 3D, 렌더링, 스케치, 만화, 그림, 애니메이션: 1.4), 텍스트, 클로즈업, 잘린, 프레임 밖, 최악의 품질, 저품질, jpeg 아티팩트, 못생긴, 중복, 병적, 절단, 여분의 손가락, 돌연변이 손, 잘못 그려진 손, 잘못 그려진 얼굴, 돌연변이, 변형, 흐릿한, 탈수, 나쁜 해부학, 나쁜 비율, 여분의 팔다리, 복제 된 얼굴, 변형, 사용된 손가락, 너무 많은 손가락, 긴 목총 비율, 기형 팔다리, 팔 없음, 다리 없음, 추가 팔, 추가 다리, 융합된 손가락, 너무 많은 손가락, 긴 목)

드림 스튜디오_바닷가에 있는 40대 남성 흑백 사진

2) 렉시카 아트 : https://lexica.art/

렉시카 아트는 맨 위에 있는 메뉴바에서 Generate를 누르면 이미지가 생성된다. 렉시카 아트의 경우 프롬프트는 Describe your image에 넣으면 되고 네거티브 프롬프트는 동일하다. 필터 지정은 없고 옆쪽 메뉴바에 이미지 크기 조정과 모델 조정이 있는데 모델의 경우 렉시카 V2, V3가 있다. 밑에 있는 guidance scale의 경우 7정도가 보통이며 높일 경우 프롬프트에 써 있는 지시사항에 대해 좀 더 강력하게 따르고 낮출 경우 좀 더 자유도가 높은 그림을 그려 준다. 7보다 낮으면 원하는 형태의 그림이 나오지 않을 가능성이 높고 7보다 높으면 이미지 자체가 좀 과장되어 보이는 단점이 있다.

렉시카 아트_프롬프트 메뉴

렉시카 아트_확장 메뉴

부록〉이미지 프롬프트 작성 가이드

실습 11의 공동 프롬프트 사용

렉시카 아트_바닷가에 있는 40대 남성 흑백 사진

3) 플레이그라운드: https://playgroundai.com/

여기에서 예시된 프로그램 중 가장 고도화되어 있어 다양한 메뉴를 선택할 수 있다. 우선 프롬프트는 Prompt 칸에 넣으면 되고 네거티브 프롬프트는 우선 Exclude From Image 부분을 활성화한 후 넣으면 된다. 플레이그라운드의 장점은 필터 부분을 메뉴로 선택할 수 있다는 점이다. 프롬프트 중급 부분에서 여러 가지 필터를 사용할 수 있다고 되어 있고 이것을 프롬프트로 넣었을 경우 이미지 생성이 달라지는 것을 볼 수 있는데 플레이그라운드에서는 프롬프트에 넣지 않고 필터를 지정해서 이미지를 생성할 수 있다.

플레이그라운드_프롬프트 메뉴

플레이그라운드_필터 메뉴

부록〉이미지 프롬프트 작성 가이드

실습 11의 공동 프롬프트 사용

필터는 cinematic(warm) 사용

플레이그라운드_바닷가에 있는 40대 남성 흑백 사진

4) 프롬프트 문법 정리

① 파라미터 목록

파라미터는 프롬프트 텍스트 뒤에 붙이는 추가 옵션으로 잘 사용하면 더 퀄리티 있고 원하는 사이즈나 그림의 형태로 만드는 데 도움이 된다. 파라미터 표시는 앞에 붙임표(-) 두 개를 써야 한다.

- ar(aspect): 비율 설정할 때 사용한다. 하지만 프로그램에 따라서 비율과 해상도는 메뉴로 설정할 수 있게 되어 있다.

--ar16:9 (16:9 사이즈로)

--ar 1920:1080 (해상도 1920X1080으로 설정)

- no: 특정 요소를 추가하지 않도록 설정

--no plant (식물 제외)

--no glasses(안경 제외)

--no hands(손 제외, 이미지 생성AI들은 사람을 그릴 때 얼굴과 같이 그리면 손은 엉망으로 만드는 경우가 많다)

- chaos: 네 가지의 그림을 그릴 때 얼마나 다양한 정도의 그림을 그리는지 선택할 수 있다. 사용하지 않으면 기본 스타일인 비슷한 느낌으로 생성되고 값이 높으면 예상하지 못한 다양한 느낌의 그림들이 생성된다.

0에서 100까지 선택할 수 있다.

--C 50

- Quality: 디테일의 수준을 결정하는 것으로 1~5까지 설정할 수 있다. 기본 값은 1이다.

--q 3

② 소괄호( ), 대괄호[ ]의 의미

소괄호( )의 의미는 이 부분이 더욱 중요하다는 뜻이다. 더 중요하게 생각하게 하고 싶으면 괄호를 여러 번 해 주면 된다. (( )) 이와 반대로 대괄호는 [ ] 중요성을 빼 달라는 의미이다.

활용 예는 다음과 같다.

pretty girl → 100%

(pretty girl) → 10%

((pretty girl)) → 20%

(pretty girl:1.5) → 150%

(pretty girl:2) → 200%

(pretty girl:0.5) → 50%

(pretty girl:0.1) → 10%

5) 더 많은 프롬프트 공부하기

가장 좋은 프롬프트 공부 방법은 다른 사람들이 만들어 놓은 작품과 프롬프트를 따라서 사용해 보는 것이다. 앞서도 말했듯이 프롬프트가 같다고 같은 이미지가 나오지는 않지만 비슷한 이미지는 생성된다. 이렇게 프롬프트를 따라하면서 몇 가지를 조정해 봄으로써 각각의 프롬프트가 가지는 느낌을 알게 된다.

좋은 이미지 생성 프롬프트를 배울 수 있는 사이트는 다음과 같다.

이름	특징
https://civitai.com/	시빗AI는 해외에서 가장 유명한 AI 프롬프트, 모델 공유 사이트이다. 실사부터 애니, 일러스트 그림체까지 모든 그림들의 프롬프트를 모아서 볼 수 있다.
https://prompthero.com/	미드저니, 스테이블 디퓨전, 오픈저니, 달리 카테고리 별로 생성된 멋진 그림들을 확인할 수 있고, 원하는 그림을 발견했다면 클릭해 그림을 만드는 데 사용된 태그를 확인할 수 있다.

https://www.ptsearch.info/home/	실사 모델이나 애니 일러스트 모델 그림을 주로 공유하는 사이트로 여러 가지 완성된 그림들을 구경할 수 있다.
https://novelai.io/tags	가장 대중적으로 사용되는 태그 생성 사이트로 기본, 외모, 체형, 의상, 장신구, 동작 등 원하는 태그를 선택하고, 우측 보관함에서 복사 버튼을 눌러 쉽게 원하는 그림의 태그를 작성할 수 있다.
https://promptly.pro/	본인이 생성하고 싶은 프롬프트를 입력하면 AI가 자동으로 더 정확한 프롬프트로 수정해주는 사이트이다.
https://prompts.aituts.com/	AiTuts Prompts는 세련되고, 예술적인 고품질의 AI 그림을 감상할 수 있는 사이트로 메인 홈페이지에서 AI가 생성한 여러 가지 테마의 그림을 구경할 수 있고, 클릭해 프롬프트를 확인할 수 있다.
https://www.midjourney.com/showcase/recent/	미드저니에서 만든 고퀄리티의 이미지와 함께 프롬프트를 볼 수 있는 사이트이다.
https://lexica.art/	스테이블 디퓨전 형식의 프롬프트 예시를 볼 수 있는 사이트이다. 프롬프트만 카피할 수도 있지만 그 사이트 내에서 기존 프롬프트를 바꾸거나 그대로 사용해서 비슷한 이미지를 만들 수도 있다.

여기서 다룬 내용으로 이미지 생성에 대한 기초는 잡을 수 있을 것으로 예상되지만 생성AI의 특성상 공통된 답이 나오는 것이 아니므로 계속해서 여러 가지 사례를 가지고 학습해야 한다는 점이 남아 있다.

게다가 비전공자의 경우 그림이나 사진에 대한 묘사가 익숙하지 않기 때문에 가장 필요한 것은 다른 사람들이 표현해 놓은 프롬프트를 보고 따라 하면서 열심히 학습하는 것이다.

따라서, 이 책에서 제공하는 다양한 프롬프트와 실습 예제를 바탕으로 여러분 스스로 다양한 주제와 이미지를 생성해 보며, 그 결과를 비교

하고 평가해 본다면 이를 통해 더욱 발전된 이미지 생성AI를 만들어 나
갈 수 있을 것이다.

마지막으로, 이 책이 이미지 생성AI를 공부하고자 하는 독자에게 도
움이 되었기를 바라며, 앞으로도 더 많은 기술적 발전을 이루어 나가는
이미지 생성AI 분야에 많은 관심과 참여를 바란다.